# ESSAI

SUR LES

# FABLES DE LA FONTAINE

---

Thèse

POUR LE DOCTORAT ÈS LETTRES

PRÉSENTÉE A LA FACULTÉ DE PARIS

Par H. TAINE

LICENCIÉ ÈS LETTRES, ANCIEN ÉLÈVE DE L'ÉCOLE NORMALE

PARIS
LIBRAIRIE DE Mme Ve JOUBERT
14, RUE DES GRÈS.

1853

# ESSAI

SUR LES

# FABLES DE LA FONTAINE

1770. — PARIS. IMPRIMERIE GUIRAUDET ET JOUAUST
RUE SAINT-HONORÉ, 338.

# ESSAI

SUR LES

# FABLES DE LA FONTAINE

---

## Thèse

POUR LE DOCTORAT ÈS LETTRES

PRÉSENTÉE A LA FACULTÉ DE PARIS


**Par H. TAINE**

LICENCIÉ ÈS LETTRES, ANCIEN ÉLÈVE DE L'ÉCOLE NORMALE



PARIS

LIBRAIRIE DE Mme Ve JOUBERT

14, RUE DES GRÈS.

1853

# ESSAI

SUR LES

# FABLES DE LA FONTAINE.



## CHAPITRE I.

### THÉORIE DE LA FABLE POÉTIQUE.

La Fontaine écrivit en tête de son livre : *Fables choisies mises en vers*. Ce titre est le résumé de son œuvre. Ses devanciers lui avaient fourni les sujets; il ne fit que choisir, mais changea toute cette prose en poésie.

S'il en est ainsi, on peut faire de la critique littéraire une recherche philosophique, et, recueillant les beautés particulières de chaque fable, trouver les traits généraux du beau. Les zoologistes ont découvert plusieurs grandes lois du monde animal par l'étude d'un seul petit insecte. Nous pouvons comme eux, dans un objet unique, vérifier ou rencontrer plusieurs règles de l'art; nous pouvons même, à cette fin, user des deux méthodes : l'une de construction, et fort courte, établissant d'abord la nature de la poésie, en conclura ce que doit être la fable poétique; l'autre d'analyse, et fort longue, décomposant les fables du poète, en déduira ce qu'est la poésie.

Commençons par la première, et, pour l'employer, opposons la fable poétique à la fable philosophique, dont Esope donna l'exemple et Lessing la théorie.

### § 1. — OPPOSITION DE LA FABLE PHILOSOPHIQUE A LA FABLE POÉTIQUE.

I. Le regard du philosophe, du savant, du moraliste, n'est pas celui que nous jetons d'abord sur les choses. Au premier coup d'œil, nous voyons l'objet tout entier, c'est-à-dire obscurci par une nuée de circonstances et enveloppé dans la multitude de ses détails. Une plante nous apparaît avec ses feuilles et ses fleurs tout ensemble, avec les sinuosités de sa forme, les nuances de ses couleurs, la diversité des herbes qui l'environnent, la figure du sol où elle croît. La forme commune que le botaniste attribuera à l'espèce reste ensevelie sous les accidents qui l'accompagnent, et attend, pour être dégagée, que notre pensée se soit dégagée des sens. La confusion est pareille s'il s'agit d'une action; je la vois d'abord avec tous ses caractères, utile ou nuisible, bien ou mal conduite, liée à cet événement ou à cet autre, produite en ce lieu, en ce moment, à cette occasion, par cette personne. La justice ou l'injustice, qui la fait bonne ou mauvaise, demeure ignorée jusqu'au jour où l'esprit écarte ce cortége obscur, et découvre, dans la foule, le droit, qui s'y cachait confondu. Alors seulement naissent la philosophie, la morale, la science. Savoir est donc analyser les objets, puis analyser ces analyses ; plus la décomposition va loin, plus la science est parfaite. Elle omet les détails de l'objet complexe, et ainsi le change en chose abstraite ; elle ne prend dans l'objet particulier que ce qu'il a de commun avec les autres, et ainsi le change en un être général ; elle ne l'observe complexe et particulier que pour l'apercevoir général et abstrait ; elle n'agit que pour altérer, dénaturer, transformer ; elle est un raisonnement continu, où les faits ne comptent que parce qu'ils prouvent des lois, où les êtres n'entrent que pour se résoudre en qualités, où les événements ne sont reçus que pour se fondre en formules ; elle ne part de la connaissance primitive que pour s'en écarter.

Composons une fable d'après cette méthode ; nous voulons démontrer une maxime morale, et rien de plus. Nous rejetons donc tout ce qui ne concourt pas à la preuve ; si nous ajoutons un syllogisme à la morale, nous nous trouverons assez éloquents. Notre récit fait les prémisses, le précepte est la conclusion, et le conte tout entier n'est qu'un sermon. Mais que faire pour que l'aventure ne soit qu'une preuve? Comment la disposer pour que la maxime en sorte d'elle-même ? Que doit-elle être pour se transformer dès l'abord en loi générale et en règle abstraite? Aussi abstraite et aussi générale que possible ; elle cessera aisément d'être particulière et complexe si elle l'est à peine ; on en tirera tout de suite la maxime si elle n'est que la maxime elle-même mal déguisée. Notre narration ne sera donc que la répétition de notre morale ; nous dirons deux fois la même chose, d'abord sous forme de récit, ensuite sous forme de sentence; nous aurons l'air d'être historiens, et nous ne serons que pédagogues. Nous mettrons d'abord le précepte à part : dans tout bon raisonnement on distingue expressément la conclusion des preuves. Nous indiquerons en outre qu'il est la conclusion, afin qu'après l'avoir discerné on le reconnaisse. En géométrie, on met au bout du théorème : C'est là ce qu'il fallait démontrer; dans nos apologues, nous mettrons en tête du précepte : Voilà ce que la fable devait prouver. Notre œuvre prendra ainsi une forme mathématique, et montrera, jusque dans ses dehors, l'austérité solennelle de notre dessein. Nous pourrons alors entrer dans le récit, en tailler toutes les parties, émonder le luxe littéraire. Nos personnages ne seront que des vices, des vertus, des qualités pures, sous des noms de plantes et d'animaux. Décolorés et sans substance, ils laisseront briller à travers eux l'idée générale qu'ils renferment; plus ils seront vides, plus ils seront transparents. Pour qu'ils se changent en arguments, il faut qu'ils ne soient plus des êtres : un portrait vivant pourrait attirer l'attention, et le spectateur oublierait l'instruction pour le plaisir; une peinture détaillée pourrait égarer l'interprétation, et le spectateur laisserait la bonne conclusion pour la mauvaise; si le renard a trop d'esprit, on ne songera qu'à lui, ou, qui pis est, il sera le héros. Nous ne laisserons donc ni source d'intérêt, ni occasion d'erreurs, et nos personnages ne pourront ni amuser, ni tromper. Cette suppression des caractères supprimera l'action, car l'action est le mouvement et la vie, et nos acteurs sont immobiles et morts. Puisque le Renard n'est que la ruse en général, nous ne lui prêterons ni réflexions railleuses, ni discours persuasifs, ni démarche cauteleuse, ni contenance hypocrite, ni physionomie sournoise; nous le nommerons sans le décrire; nous rapporterons ses paroles sans le faire parler lui-même. Descriptions, récits, dialogues, nous abrégerons tout pour courir plus vite à la morale. Les plus courtes preuves sont les meilleures, et on se hâte quand on n'a souci que d'arriver. — Mais l'amour de la preuve, qui vient de retrancher les personnages et l'action, éteint aussi l'expression. Plus de ces mots hardis, saisissants, passionnés; plus de ces métaphores vives et originales; plus de ces phrases imitatives, de ces sons choisis, qui transforment les sentiments en sensations et pénètrent notre corps des émotions de notre âme. La science ne s'adresse qu'à l'esprit pur, elle n'emploie que des expressions ternes et nobles; elle fuit les métaphores, toujours inexactes; elle enchaîne les phrases monotones avec une régularité grammaticale, et ne consent jamais à amuser l'oreille par la musique des vers. Où trouver maintenant dans le style le portrait du poète? Une géométrie n'a point de style. Quand on ne cherche que le vrai, on ne mêle pas son émotion à ses arguments; on respecte trop la vérité universelle pour y empreindre ses sentiments personnels; c'est une lumière pure, dont on s'écarte pour ne pas l'offusquer. On ne trouvera donc dans notre fable ni comique, ni éloquence, ni tendresse; point de ces accents qui révèlent un élan de l'âme, ni de ces saillies qui laissent deviner un sourire, ni de ces tons variés qui expriment les mouvements sinueux d'une imagination légère. Tout sera régulier, uniforme, sentencieux, sévère; et notre recueil de préceptes, démontré par un recueil d'exemples, laissera le lecteur sans émotion, mais convaincu.

« Le Renard et la Panthère se disputaient le prix de la beauté; la Panthère vantait surtout la beauté de son corps; le Renard lui dit: Combien suis-je plus beau, moi qui ai cette bigarrure, non sur le corps, mais dans l'esprit!—Cette fable montre que la perfection de l'âme est préférable à la beauté du corps. » (*Esope*, 13.)

Voilà le modèle de la fable philosophique.

II. La fable poétique y est opposée. Si le poète reçoit du philosophe des idées générales et abstraites, c'est pour les transformer en êtres complexes et particuliers: s'il conçoit la force qui produit une plante, c'est pour dresser dans l'air pur sa tige frêle et souple, étendre à l'entour les feuilles vertes et brillantes, épanouir au sommet la fleur parfumée, et répandre en son œuvre le calme et l'harmonie qui ressemblent au bonheur. N'est-ce pas là le sentiment que respirent ces vers d'Homère? Et Homère n'est-il pas l'âme poétique de la Grèce sous le nom d'un homme?

« Tel le fertile rejeton d'un olivier, qu'un homme nourrit dans un champ solitaire, où jaillit une eau abondante, beau, verdoyant, que balancent les souffles de tous les vents, et qui se couvre de blanches fleurs. » (*Iliade*, XVIII, § 3.)

Ainsi, le poète n'observe la cause primitive que dans ses effets dérivés, la loi unique que dans son action multiple, la force intime que dans sa vie extérieure. Il la voit donc enrichie de ses détails et environnée de ses circonstances; l'idée simple, tombant sur son esprit comme sur un prisme, se déploie en mille couleurs. Achille n'est pas seulement la force héroïque : c'est le jeune fils d'une déesse, le plus beau des Grecs, qui, outragé, pleure comme un enfant dans le sein de sa mère; qui, sur la grève solitaire, chante avec la lyre en contemplant la mer immense; qui console son ami affligé avec un accent aussi tendre et aussi ému que celui d'une jeune mère :

« Pourquoi pleures-tu, Patrocle, comme une enfant qui ne sait pas encore parler, qui court après sa mère afin qu'on la prenne, la tire par sa robe, et l'arrête, et la regarde en pleurant pour être portée dans ses bras? » (XVI, 6.)

C'est le même homme dont « la voix d'airain, semblable au cri d'une trompette, » renverse dans la plaine les Troyens et leurs chars, et qui, le pied sur la poitrine d'Hector suppliant, l'insulte et le menace : « Chien, ne me supplie ni par mes genoux ni par mes parents. Plaise aux dieux que ma colère et mon cœur me poussent à déchirer et à manger ta chair crue, tant tu m'as fait de mal. » (XXII, 345.) C'est l'âme la plus violente et la plus douce, la plus généreuse et la plus sauvage, mobile et tempétueuse, mais vivante parce qu'elle est complexe et multiple, et poétique parce qu'elle vit. La poésie défait donc l'œuvre de la science; elle reconstruit ce que l'autre avait décomposé; elle rend à l'objet abstrait ses détails, et, ainsi, le change en chose complexe; elle rend à l'être général ce qui lui appartient en propre, et ainsi le change en être particulier. Elle ne l'observe général et abstrait que pour le rendre particulier et complexe; elle n'agit que pour réparer, reformer et créer. C'est une source fécondante où les lois n'entrent que pour se transformer en événements, où les idées ne sont admises que pour se condenser en objets, où les forces ne sont reçues que pour être déployées en actions. Elle ne s'éloigne du point d'arrivée que pour revenir au point de départ.

De là naît une nouvelle fable; nous prétendons animer une maxime morale, et nous ne voulons rien de plus; peu importe que nos preuves soient rigoureuses. Que le lecteur tire du récit ce précepte ou cet autre, s'il est intéressé ou ému, nous sommes contents; notre démonstration est assez solide, si elle est belle, et la fable est utile dès qu'elle a plu. Mais comment donner la vie à un précepte? Comment faire rentrer la sève dans cette plante desséchée qui gît au coin d'un herbier? Puisqu'il y a dans l'apologue la maxime qui conclut, et le récit qui prouve, il faudra changer à la fois le récit et la maxime. Nous la retirerons de cette place invariable où elle semblait confinée par un syllogisme, nous la porterons tantôt au milieu, tantôt au commencement, et nous la ferons voyager par toute la fable. Nous l'effacerons souvent, car nous sommes poètes, et non pédagogues. Que les auditeurs, après notre petit drame, se fassent, s'ils le veulent, la leçon à eux-mêmes; notre seul devoir est de leur en fournir l'occasion. Si elle est exprimée, ce sera par accident, dans le discours d'un personnage. Ainsi placée, elle ne sera plus un précepte, mais un fait, recevra la vie du récit dont elle est un membre et sera active parce qu'elle concourt à une action. Si enfin l'usage impérieux nous contraint de la mettre à part, nous en ferons une exclamation, un regret, un souhait du poète; elle prendra un tour éloquent, comique ou touchant; elle perdra son apparence didactique, en devenant un mouvement de l'âme; on entendra, en l'écoutant, la voix passionnée d'un homme; elle sera couverte sous un sentiment, et la poésie la revendiquera en posant sur elle sa couronne de fleurs. Il sera facile alors d'animer le récit qui la confirme. Il est déjà tout préparé, puisqu'il contient les personnages, et nous n'avons qu'à leur rendre ce qui leur appartient. On ajoutera aux vices et aux vertus générales les traits particuliers qui leur sont propres : la violence du Loup, qui n'est qu'un brigand, ne sera pas la même que celle du Lion, qui est un roi. On reconnaîtra dans chaque personnage son rang, son âge, son éducation, sa physionomie. On fera comme la nature, qui jette à profusion les qualités sur chaque objet, et ne souffre pas deux choses semblables dans l'univers. On remarquera que les êtres varient selon les temps et les lieux, et que, pour être vrai, il faut avec les caractères représenter les mœurs. On peindra donc ses contemporains et ses compatriotes; on marquera les détails les plus délicats et les plus fugitifs du ton, du langage, des manières, et le poète, sans y songer, deviendra historien. — Cette recomposition des personnages recomposera l'action. Ils sont si vivants et si présents dans l'imagination qu'on suit involontairement les changements de leur visage et les mouvements de leur âme. Plus de discours rapportés. Ils parlent eux-mêmes, avec esprit, véhémence ou tendresse; ils discutent, et les réponses jaillissent sans qu'on les cherche; ils délibèrent, et les raisonnements pressés s'ordonnent sans qu'on les range: le poète écoute et ressent leurs émotions; il raconte les détails, car les détails apparaissent d'eux-mêmes, quand l'image de l'objet est vive et expresse. Ainsi, descriptions, récits, discours, tout s'est reformé, tout s'est ranimé de soi-même; une fois rentrée au cœur, la vie a couru dans tous les membres. — Elle a pénétré d'abord dans les expressions. Les mots les plus familiers et les plus originaux accourent sur les lèvres, parce que seuls ils peignent tout l'objet d'un seul coup. Les constructions variées ont imité la variété de la pensée; quand elle s'est rompue, la phrase s'est rompue avec elle, et le chant des mots sonores a noté par ses inflexions visibles les ondulations invisibles du sentiment. — Ainsi répandu dans l'œuvre entière, le mouvement se communique au poète. Il ne peut voir des êtres souffrants, heureux, passionnés, sans ressentir leur souffrance, leur bonheur, leur passion. Il mêle ses sentiments à son récit; il juge ses personnages, il a oublié qu'ils sont des fictions; il les raille ou en prend pitié, les gourmande ou les admire; il monte avec eux sur le théâtre, et devient lui-même le principal spectacle; nous connaissons dorénavant ses goûts, ses habitudes, son histoire même; nous suivons à chaque ligne les mouvements de son imagination ou de son âme. Il ne reste plus rien maintenant des idées générales et abstraites; les voilà dénaturées deux fois. Elles sont devenues des êtres particuliers et complexes, et se sont mêlées à des sentiments complexes et particuliers; la violence n'est plus une qualité pure, elle est devenue un lion, et le lion de La Fontaine. Tout, dès lors, est varié, mobile, intéressant, animé; chacun des mots qu'on touche en parcourant la fable soulève une foule de pensées incertaines et fugitives, comme chaque pierre qu'on déplace en suivant un chemin découvre une multitude d'êtres, de figures et de couleurs. La poésie alors est l'image de la nature.

### § 2. — OPPOSITION DE LA FABLE PRIMITIVE A LA FABLE POÉTIQUE.

N'est-elle que l'image de la nature? Ne fait-elle que renouveler cette première vue complète et confuse d'où est sortie la science? Non; elle la répète en la transformant; elle copie la nature, mais en la perfectionnant; et, comme une glace pure, en même temps qu'elle réfléchit les choses, elle leur prête sa lumière et sa beauté. Nous ne savons donc pas pleinement encore ce qu'est la fable poétique. Après l'avoir opposée à la science qui forme la fable didactique, il faut l'opposer à la nature que copie la fable primitive. On a vu qu'elle est vivante comme la nature; on verra qu'elle est systématique comme la science. Située entre les deux, elle en a les mérites sans les défauts.

I. La nature manifeste l'idée immortelle qui l'anime, mais par des œuvres incomplètes et dispersées. Nul caractère ne s'y montre en même temps tout entier : le temps en éparpille les parties, et ne dévoile jamais à la fois qu'un seul coin du tableau : aujourd'hui un sentiment, demain un autre. Nous ne vivons que par parcelles, et la moitié de nous-mêmes est toujours écoulée, tandis que l'autre est à venir. Encore cet être successif est-il la plupart du temps languissant et inachevé. Entre ses apparitions éparses, que d'obscurité et de vides! Combien d'actions indifférentes! Que ce visage est terne, et qu'il est rare de le voir illuminé par un sentiment! Le plus grand homme du monde s'occupe à manger, à dormir, à causer, à s'ennuyer, à effacer la grandeur et l'originalité de son caractère dans les petits détails communs d'une foule de petites actions communes, et le héros n'est héros que par exception. L'est-il au moins quand il essaie de l'être? Non, les conditions lui manquent, les circonstances l'arrêtent; il est impuissant à se dégager, et sa force mutilée ne le soulève qu'à demi. Qui de nous a jamais été jusqu'aux dernières bornes de la douleur, de la joie, de la haine ou de la tendresse? Nous nous arrêtons à mi-chemin, et l'imagination seule pousse jusqu'au bout de la carrière. Le vol de notre esprit est toujours plus puissant que celui de la nature, et nous concevons plus qu'elle ne peut fournir. Quand nous voyons un noble chêne, dont les racines s'enfoncent dans le sol comme des pieds d'athlète, étendre ses branches noires chargées de feuilles sonores, et dresser son tronc serré par l'écorce comme par des muscles tendus, nous l'imaginons plus fort et plus grand encore; nous élargissons sa voûte, nous tordons son écorce, nous raidissons ses bras, nous couvrons sa masse sombre d'une plus riche lumière : et nous sentons alors que la nature n'a pu accomplir son dessein, que ses lois ont entravé son action, que son œuvre n'est pas égale à son génie. Inachevé et brisé, tel est le spectacle primitif; disséminée et incomplète, telle est la vue originelle; et la connaissance, qui, à son début, reproduit servilement la nature, en reproduit la dispersion et l'imperfection.

Faisons une fable de cette vue primitive, et que notre œuvre soit une simple copie du réel. Nous aurons des caractères, une action, des dialogues, car tout cela est dans la nature et s'offre aux premiers regards. —Mais quels seront les caractères? Trouvera-t-on dans chacun une empreinte profonde et originale? Non, car la vue primitive ne découvre pas cette expression complexe et personnelle qui distingue un caractère de tous les autres. Je ne puis reconnaître du premier coup d'œil quel est le naturel tout entier du Loup; quel mélange d'inquiétude, de violence, de sottise et de poltronnerie, compose sa physionomie. Je ne puis rassembler ces traits qu'à la longue, parce qu'ils sont dispersés dans ses différentes actions. Ajoutez que si je suis un copiste exact, je ne pourrai mettre en relief cette expression principale; car les traits dominants et l'allure accoutumée sont en lui, comme en toute chose, cachés par les traits accessoires et les mouvements accidentels. Le caractère ne sera donc ni assez dégagé, ni assez complet. J'aurai trop de détails indifférents et trop peu des traits nécessaires. Il sera à la fois indistinct, inachevé; il ne touchera que confusément et faiblement : dans la galerie des portraits tous seront semblables et aucun saisissant. — Même défaut dans l'action, puisqu'elle dépend des caractères. Notre acteur parlera, car le personnage réel parle, mais longuement et languissamment. En effet, quand deux personnes conversent, vont-elles droit au but? Le discours ne se traîne-t-il pas en détours interminables? Si la passion y jaillit, n'est-ce pas une saillie, et si l'éloquence y éclate, un hasard? A peine trois ou quatre points brillants sur un fond uniforme et terne; le reste n'est que monotonie et confusion. Nous répéterons donc la même pensée sous toutes sortes de formes; nous la reprendrons après l'avoir quittée; nous la reproduirons encore une fois hors de sa place naturelle; nous la répandrons partout, faute de savoir la concentrer. Ainsi dissoute, elle languira; en perdant sa brièveté, elle perdra son énergie; en se multipliant elle s'évanouira. — Que deviendra le style dans cet affaiblissement de l'action et des caractères? Il gardera encore l'harmonie des vers; car l'esprit didactique n'est pas là pour porter la fable dans le pays de la pensée pure, et couper toutes les racines par qui elle tient au domaine des sens. Mais il se déroulera, uniforme, décoloré, avec un abandon enfantin, comme une longue complainte; ce sera le bruit régulier, sourd, incessant et doux, d'une eau molle et terne où nulle image ne se reflète, où toute lumière s'éteint, où tout mouvement s'allanguit, qui s'attarde en longs détours, et à qui l'on s'abandonne immobile et presque endormi. — L'auteur s'effacera comme les personnages. Aucun sentiment ne pourra naître en lui à l'aspect de ces figures indistinctes et de ces actions si peu parlantes. Pour soulever une émotion violente, il faut un amas de traits pathétiques. Pour exciter un intérêt soutenu, il faut une suite de physionomies expressives. On ne le verra donc ni s'intéresser ni s'émouvoir. A peine de temps en temps distinguera-t-on en lui un nuage de tristesse, un sourire d'ironie, un effort incertain d'éloquence, et on le quittera sans l'avoir connu.

Telles sont les fables du moyen âge. On peut voir ce qu'est devenue celle d'Esope en entrant dans ce monde nouveau.

L'ourse, pour sa peau déguisée,
En voulait être mieux prisée;
Autres dient que c'est une bête
Qui de la pel et de la tête
Ressemble à la belle panthère,
A qui autre ne s'accompère,
Tant par y a couleur diverse.
L'on dit qu'elle repaire (se trouve) en Perse.
Et si dit, par l'âme son père,
Que bêtes à lui ne se père (compare)
De noblesse ni de beauté :
Car au monde n'a pas auté (pareil),
Et pour ce le grève et dédaigne
Qu'autre bête à lui s'accompaigne :
D'ours, de cheval ni de lion,
Ne doit-on faire mention.
Envers lui, ce lui est avis,
Tous lui semblent sales et vis (vilains).

Le renard, qui tant sait de guille (ruses),
Vit que cil déprise et avillé
Les autres, et se prise et se loue;
Si lui dit en faisant la moue :
Ainsi cuides-tu que mieux vailles
Pour ta peau, où tant a de mailles,
Dont les deux, non mie les trois,
Ne valent pas un petit pouois (poids).
Tu te fais de ta peau moult cointe
Pour les mailles qui y sont pointes (peintes).
Mais je ne pris rien tel peinture,
Ni ne me fi, ni n'asségure.
Si Dieu a en toi beauté mise,
Pour ce les autres ne déprise;
Car un laid sage est plus prisé
Que n'est un beau fol déguisé.
Beauté ne vaut rien sans savoir;
L'un et l'autre fait bon avoir.
Telle est la très vraie noblesse,
Qui nobles mœurs en cœur adresse.
Le noble cœur trétout surmonte;
Le noble cœur les membres dompte.....

(*Isopet. Avionnet*, 18, éd. Robert, p. 201.)

II. La poésie va transformer la fable enfantine comme elle a transformé la fable philosophique. Voyons avec quels moyens et par quelle vertu.

Les œuvres poétiques surpassent en les imitant les œuvres naturelles. L'artiste achève ce que la nature ébauche, et résume ce qu'elle disperse. Il crée comme elle, et d'après elle, mais sans défaillance ni interruption; il fait autrement parce qu'il fait mieux, et ses copies sont toujours des inventions. Pourquoi un portrait est-il une œuvre d'art? C'est que le peintre n'a pas seulement reproduit les couleurs et les traits de son modèle. A travers tant d'expressions changeantes, il a saisi l'expression dominante; il a rassemblé les pensées diverses, pour en conclure la pensée unique, et il a deviné l'âme à travers le corps. Aussitôt sa main s'est trouvée guidée. Parmi les lignes, les teintes et les attitudes, il n'a plus vu que celles qui exprimaient ce caractère deviné. Elles sont venues d'elles-mêmes se placer sur sa toile, et le reste, qui méritait de périr, a péri; le personnage est ici tout entier, et non plus épars entre hier, aujourd'hui et demain; ses traits, qui, désunis, languissaient, une fois réunis, saisissent. Sa sottise ou sa grandeur accumulée sur un seul point se centuple; la figure la plus vulgaire devient expressive, et intéresse, parceque l'esprit y aperçoit toute une vie en raccourci. Créer n'est donc que choisir, parce que choisir, c'est rassembler et agrandir. L'ambition est en chaque homme comme dans Macbeth, et le poète a pu l'observer dans toutes les âmes; mais elle y a été mutilée ou étouffée par les circonstances, ou l'éducation, ou la froideur du tempérament, ou la mobilité du caractère. Plantons ce germe dans un sol convenable; choisissons une âme faible de volonté, facile aux séductions, accoutumée à l'action, à qui les idées s'attachent d'une prise subite, et que ses desseins obsèdent comme des fantômes. Au premier espoir du trône :

« Ma pensée, où le meurtre n'est encore qu'imaginaire, ébranle tellement mon pauvre être d'homme, que l'action y est étouffée dans l'attente, et que rien n'est que ce qui n'est pas! » (Act. I, sc. III.)

Vienne l'occasion; et l'ambition, nourrie par toute la véhémence et toute la ténacité de cette imagination exaltée, se tournera en démence; et l'homme, poussé de crime en crime par un destin intérieur, hors de soi, les yeux fixés vers ses visions funèbres, marchera, à travers les meurtres, vers sa ruine inévitable. Pour susciter cette passion immense, il a suffi d'assembler quelques conditions qui étaient dans la nature, et que la nature n'avait pas assemblées.

Ainsi, quand le fabuliste voudra composer des caractères, il ne prendra, au milieu des traits naturels, que les traits expressifs. Il ne verra dans ce lion que l'animal royal, et la noble bête sera toujours majestueuse comme Louis XIV « qui en jouant au billard conservait l'air du souverain du monde. » Il ne peindra les qualités diverses que pour les rapporter à la qualité principale qui engendre toutes les autres. Il voudra toujours, sous les apparences variées, démêler l'être unique, et ne donnera les détails dérivés que pour faire comprendre la cause primitive. S'il prête un discours à un personnage, il en fera un tout indissoluble, où chaque phrase prouvera la conclusion, où le syllogisme intraitable se cachera sous les dehors de la passion, où le but, comme un moteur souverain, produira, disposera, conduira toute la machine et tous les mouvements. S'il décrit un paysage, les détails seront choisis pour faire tous la même impression; ils seront ordonnés pour faire tour à tour une impression plus grande; ils seront ordonnés et choisis pour laisser dans l'âme un même sentiment sans cesse accru. Alors naîtra le vrai style poétique; la liberté des tournures, la variété des mètres, l'irrégularité des rimes et l'allure onduleuse de la phrase, ne détruiront pas l'unité de la période et la mélodie réglée des vers; la diversité et l'aisance de la prose s'allieront à l'enchaînement et à la symétrie de la poésie; et la fable sera en même temps une conversation et un chant. Mais les sentiments ainsi imprimés dans les spectateurs s'imprimeront dans le premier spectateur de l'œuvre, qui est le poète. Il sera lui-même ému ou amusé par son récit, et sa parole reprendra un accent. A chaque instant, il jugera l'action ou le personnage; et ce jugement sera un résumé; une louange, un reproche, un mot de compassion, un sourire moqueur, sont des conclusions sous lesquelles se groupent toutes les parties d'une aventure. Ainsi réunis par un nouveau lien, les objets et les événements prennent un nouveau relief. Le fabuliste poète est donc involontairement un systématique. Son œuvre a la vie des objets réels, puisqu'elle est, comme eux, complexe et particulière; mais elle n'a pas leurs défaillances et leur désordre, puisque l'idée intérieure qui l'a construite lui communique sa plénitude et son unité. Elle a la grandeur et l'harmonie des idées pures, puisqu'elle a pour âme une idée pure; mais elle n'en a pas l'immobilité et le vide, puisqu'elle est remplie de détails et d'action. Cette fable qui répète la nature, et que gouverne la logique, où l'unité de la cause ordonne la variété des effets, où la variété des effets anime l'unité de la cause, qui intéresse comme un être vivant, et qui instruit comme un raisonnement, est la fable de La Fontaine.

Le singe et le léopard
Gagnaient de l'argent à la foire;
Ils affichaient chacun à part.
L'un d'eux disait : Messieurs, mon mérite et ma gloire
Sont connus en bon lieu; le roi m'a voulu voir,
Et, si je meurs, il veut avoir
Un manchon de ma peau, tant elle est bigarrée,
Pleine de taches, marquetée,
Et vergetée, et mouchetée.
La bigarrure plaît : partant, chacun le vit.
Mais ce fut bientôt fait, bientôt chacun sortit.
Le singe de sa part disait : Venez, de grâce,
Venez, Messieurs, je fais cent tours de passe-passe.
Cette diversité, dont on vous parle tant,
Mon voisin Léopard l'a sur soi seulement;
Moi, je l'ai dans l'esprit. Votre serviteur Gille,
Cousin et gendre de Bertrand,
Singe du pape en son vivant,
Tout fraîchement en cette ville
Arrive en trois bateaux exprès pour vous parler :
Car il parle, on l'entend; il sait danser, baller,
Faire des tours de toute sorte,
Passer en des cerceaux; et le tout pour six blancs.
Non, Messieurs, pour un sou; si vous n'êtes contents,
Nous rendrons à chacun son argent à la porte.
Le singe avait raison : ce n'est pas dans l'habit
Que la diversité me plaît, c'est dans l'esprit.
L'une fournit toujours des choses agréables,
L'autre en moins d'un moment lasse les regardants.
Combien de grands seigneurs, au léopard semblables,
N'ont que l'habit pour tous talents! (IX, 3.)

Ce même sujet trois fois raconté distingue les trois sortes de fables. Les unes, lourdes, doctes, sentencieuses, vont, lentement et d'un pas régulier, se ranger au bout de la morale d'Aristote, pour y reposer sous la garde d'Ésope. — Les autres, enfantines, naïves et traînantes, bégaient et babillent d'un ton monotone dans les conteurs inconnus du moyen âge. — Les autres, enfin, légères, ailées, poétiques, s'envolent, comme cet essaim d'abeilles qui s'arrêta sur la bouche de Platon endormi, et qu'un Grec aurait vu se poser sur les lèvres souriantes de La Fontaine.

## CHAPITRE II.

### DES CARACTÈRES.

Tout grand poète a construit des caractères : car être poète c'est créer, et qu'est-ce que créer, sinon produire de nouveaux êtres ? Joad, Acomat, Hamlet, Coriolan, sont des personnages aussi complets et aussi vivants dans le drame que dans l'histoire ; les enfants du poète valent ceux de la nature, et la fiction égale ou surpasse la vérité. Ajoutez que sans ce don on n'a pas les autres ; car l'action dépend des caractères ; les êtres n'agissent que selon ce qu'ils sont. Si l'œuvre se développe et s'ordonne, la cause intime de ce mouvement et de cette harmonie est toujours le naturel des personnages ; sinon le drame n'est qu'une fantasmagorie dont la variété peut distraire, mais dont le désordre doit choquer. C'est la poésie en démence, et la poésie, comme la nature, n'est que raison. — Mais le style aussi bien que l'action dépend des caractères ; car pour que l'écrivain soit touché, il faut que les personnages soient complexes, vivants, humains. Il ne s'émeut pas pour des idées nues ; il ne s'intéresse qu'à des êtres semblables à lui. Dans une œuvre poétique, les caractères sont donc le premier ressort. La fable doit contenir tout un monde :

Hommes, dieux, animaux, tout y fait quelque rôle. (V, 1.)

Et le livre de La Fontaine est une galerie de portraits.

## § 1. — DES HOMMES.

Mais, quel que soit ce personnage, animal, homme, ou dieu, il est toujours homme, et contemporain de La Fontaine.

Pourquoi cela? Et comment cette fiction peut-elle s'excuser? La règle est d'imiter la nature; n'est-ce pas la contredire manifestement que d'attribuer aux bêtes l'intelligence et les mœurs de l'homme, de les assembler en sociétés, de leur assigner des rangs, de leur donner des lois, des rois, des juges? Qui prendra le conte pour une vérité?

Souvenons-nous que le métier de poète n'est pas de voir et de copier, mais d'interpréter ce qu'il voit et de choisir dans ce qu'il copie. La brute gît dans une stupidité monotone, mais souvent l'intelligence perce cette nuit comme un éclair. Que le poète rassemble ces traits lumineux, et il croira voir dans la bête une pensée égale à la nôtre. N'est-ce pas là d'ailleurs l'interprétation naturelle? Ne sommes-nous pas enclins à donner la vie à la matière, et à prêter notre âme à tout objet? « Nous imprégnons et nous teignons de notre être » ce qui n'est pas notre être, et le monde extérieur n'est qu'un miroir où nous contemplons nos traits réfléchis. Qui n'a pas trouvé parfois une expression saisissante dans un arbre, un nuage, un accident de lumière? Les objets inertes ou morts reçoivent de leurs formes ou de leurs couleurs une physionomie animée, et les fictions poétiques ne sont ici que les croyances primitives. Si vous observez un moineau alerte qui sautille en dressant sa petite tête hardie, et picote le grain d'un air coquet et délibéré, vous croirez voir les ébats et les mines d'un gai polisson, indiscret convive, mais espiègle de bonne maison. Un bouleau blanchâtre à l'écorce mince et lisse, qui seul, dans une clairière, élève vers le ciel humide son tronc grêle et ses feuilles frissonnantes, est un être souffrant, délicat et triste, que l'on aime et que l'on plaint. L'interprétation du vulgaire devance donc celle du fabuliste; l'instinct populaire répète l'inspiration poétique, et la croyance naïve vient autoriser la fiction.

I. Commençons par le roi. Qu'il passe le premier, puisqu'il est le maître. Ensuite viendront le tigre, l'ours « et les autres puissances »; puis les magistrats, le clergé, les médecins, et tous les officiers publics; puis les bourgeois, les petites gens, les bêtes de bas étage, « la racaille qui n'a ni panaches ni aigrettes ». La fable a l'ampleur d'une épopée.

L'air sérieux et grave est le premier devoir du monarque. Un homme ou une bête qui porte l'État dans sa tête peut-il être autre chose qu'imposant et sévère? Jusque sous la griffe du milan, il sait ce qu'il se doit, et garde sa gravité, au risque de perdre son nez.

Le roi n'éclata pas, les cris sont indécents
À la majesté souveraine. (XII, 12.)

Certes on ferait tort à La Fontaine si l'on trouvait dans son lion le Louis XIV des bêtes. Il est moraliste, et non pamphlétaire; il a représenté les rois, et non le roi. Mais il avait des yeux et des oreilles, et faut-il croire qu'il ne s'en soit jamais servi? On copie ses contemporains en dépit de soi-même, et les Romains ou les Grecs de Racine sont bien souvent des marquis beaux diseurs et d'agréables comtesses. Avec un peu de complaisance, on découvrirait dans La Fontaine des souvenirs qu'il avait et des intentions qu'il n'avait pas. Il n'eut qu'à regarder dans les portraits de Versailles cette démarche lente et fière, cet air de tête tranquille et commandant, pour comprendre ce que doit être un aigle ou un lion qui se respecte. Si le roi daigne parler à un courtisan, c'est avec une condescendance hautaine; encore n'est-ce que par hasard, « quand il a bien dîné ». Toutefois, lorsqu'on déroge ainsi à l'étiquette, on sent le besoin de s'excuser à ses propres yeux.

Si le maître des dieux assez souvent s'ennuie,
Lui qui gouverne l'univers,
J'en puis bien faire autant, moi qu'on sait qui le sers.

Mais, si le flatteur est maladroit, si par exemple il s'offre trop ouvertement pour « espion » et valet, comme le monarque rentre vite dans son dédain superbe!

Ne quittez pas votre séjour,
*Caquet bon bec, ma mie;* adieu, je n'ai que faire
D'une babillarde à ma cour.

Surnoms blessants, familiarités ironiques, insultes ouvertes, le roi trouve d'abord une provision complète de paroles amères; habitué à mépriser, il est habile à offenser, et fait aussi naturellement l'un que l'autre. Quelquefois pourtant il s'humanise, et veut faire jouir ses sujets de sa majesté.

Sa majesté lionne un jour voulut connaître
De quelles nations le ciel l'avait fait naître.
Il manda donc par députés
Ses vassaux de toute nature,
Envoyant de tous les côtés
Une circulaire écriture
Avec son sceau. L'édit portait
Qu'un mois durant le roi tiendrait
Cour plénière, dont l'ouverture
Devait être un fort grand festin,
Suivi des tours de Fagotin. (VII, 6.)

Il est hospitalier, mais par vanité, et tout à l'heure les conviés vont sentir la griffe. « Les vices sont frères », a dit La Fontaine. Orgueil et dureté vont bien ensemble. Quand l'escargot fait cette prière si touchante :

Princesse des oiseaux, il vous est fort facile
D'enlever malgré moi ce pauvre malheureux ;
Mais ne me faites pas cet affront, je vous prie,
Et, puisque Jean Lapin vous demande la vie,
Donnez-la-lui, de grâce, ou l'ôtez à tous deux :
C'est mon voisin, c'est mon compère.
L'oiseau de Jupiter, sans répondre un seul mot,
Choque de l'aile l'escargot,
L'étourdit, l'oblige à se taire,
Enlève Jean Lapin. (II, 8.)

Ce n'était pas la peine de discuter avec de petites gens qui ont l'impertinence de vouloir vivre. Quand le roi fait à quelqu'un l'honneur de lui parler, c'est d'un autre ton. S'il traite avec un adversaire, c'est en maître, et l'on dirait qu'il chasse un laquais.

Va-t'en, chétif insecte, excrément de la terre. (II, 9.)

S'il s'adresse à un sujet, c'est en juge, et pour lui dénoncer son arrêt.

Chétif hôte des bois,
Tu ris! tu ne suis pas ces gémissantes voix!
Nous n'appliquerons pas sur tes membres profanes
Nos *sacrés* ongles. Venez, loups,
Vengez la *Reine*; immolez tous
Ce traître à ses *augustes* mânes. (VIII, 14.)

On voit que dans la colère il est toujours digne. Il n'oublie pas de donner à sa femme le titre d'usage; il est furieux en termes officiels et choisis; il ne se commettra jamais avec un insolent. Un roi offensé jette sa canne par la fenêtre, pour ne pas frapper l'audacieux et s'abaisser jusqu'à lui.

Quelquefois il redevient simple mortel, et s'en va chasser comme un hobereau.

Le roi des animaux se mit un jour en tête
De giboyer. Il célébrait sa fête. (II, 19.)

Giboyer!... Ce mot de riche vénerie ainsi solennellement rejeté indique d'abord qui est le chasseur.

Le gibier du lion, ce ne sont pas moineaux,
Mais bons et beaux sangliers, daims et cerfs bons et beaux.

Louis XIV était le plus grand mangeur de son royaume. Est-ce forcer la comparaison que de revoir dans l'ampleur de ces splendides épithètes le luxe des vastes dîners qu'il donnait à Versailles aux fêtes de l'île Enchantée? — Quant aux veneurs, ce sont simples machines, et s'ils osent prétendre à quelque mérite, une raillerie brutale les remet à leur place.

> Oui, reprit le lion, c'est bravement crié;
> Si je ne connaissais ta personne et ta race,
> J'en serais moi-même effrayé.

Le fond du personnage est un amour parfait de soi-même. Peut-il en être autrement? Chacun semble s'oublier pour se donner à lui et l'adorer. « Tous les yeux, dit Louis XIV lui-même, sont fixés sur lui seul, et c'est à lui seul que s'adressent tous les yeux. Lui seul reçoit tous les respects, lui seul est l'objet de toutes les espérances. On ne poursuit, on n'attend, on ne fait rien que par lui seul. On regarde ses bonnes grâces comme la source de tous les biens ; on ne croit s'élever qu'à mesure qu'on approche de sa personne et de son estime. » On s'éblouit et on se croit dieu quand on ne sent plus rien au dessus de sa tête. « Qui considérera que le visage du prince fait la félicité du courtisan, qu'il s'occupe et se remplit pendant toute sa vie de le voir et d'en être vu, comprendra un peu comment voir Dieu peut faire toute la gloire et la félicité des saints. » (La Bruyère.) Un homme « pour qui on est à bout de bronze et d'encens », si bon et si grand qu'il soit né, finit par se dire que choses et gens ne sont faits que pour le servir. En 1710, je crois, les docteurs décidèrent que les sujets appartenaient corps et biens au monarque, et qu'il leur faisait don de tout ce qu'il ne leur prenait pas. Ajoutez que la nation était un peu de l'avis des docteurs. « Nous avons percé la nue des cris de Vive le roi, dit M^me de Sévigné; nous avons fait des feux de joie et chanté le

*Te Deum* de ce que Sa Majesté a bien voulu accepter notre argent. » Ainsi tous conspirent à sacrifier leurs intérêts et à diviniser les siens. Il n'est pas étonnant qu'il entre dans ces maximes. Quand la mauvaise fortune le force à consulter les autres, il fait un beau discours sur le bien public, et ne songe qu'au sien. La peste est venue, il faut qu'un animal se dévoue. Ses sujets sont maintenant « ses chers amis », et il fait confession générale.

Ne nous flattons donc point; voyons sans indulgence
L'état de notre conscience.
Pour moi, satisfaisant mes appétits gloutons,
J'ai dévoré force moutons.
Que m'avaient-ils fait? Nulle offense.
Même il m'est arrivé quelquefois de manger
Le berger.
Je me dévoûrai donc, s'il le faut. (VII, 1.)

Quelle abnégation! quel oubli de soi! — Mais la vertu même reçoit des tempéraments, et l'offre aura quelques restrictions :

Je pense
Qu'il est bon que chacun s'accuse ainsi que moi :
Car on doit souhaiter, selon toute justice,
Que le plus coupable périsse.

— Nous y voilà. Le roi cherche un âne, et invite les courtisans à le trouver; politique achevé, il est resté tyran et est devenu hypocrite. « Qui ne sait dissimuler ne sait régner. »

La Fontaine est juste pourtant : son lion sait les affaires; il administre, enrégimente, organise, et sait même se passer d'un Louvois.

Il tint conseil de guerre, envoya ses prévôts.....
Tous furent du dessein, chacun selon sa guise. (IV, 19.)

Il dresse un catalogue de l'armée, comme il y en avait au ministère; La Fontaine imite jusqu'au style de la chancellerie :

De par le roi des animaux,
Qui dans son antre était malade,
Fut fait savoir à ses vassaux
Que chaque espèce en ambassade
Envoyât gens le visiter,
Sous promesse de bien traiter
Les députés, eux et leur suite,
Foi de lion, très bien écrite,
Bon passeport contre la dent,
Contre la griffe tout autant. (VI, 14.)

Encore cette fois le roi est un brigand; mais son historien sait que parfois il a l'âme grande, et dit le bien aussi franchement que le mal. Quand le rat sort de terre entre ses pattes, le lion n'attend pas, comme dans Esope, que la pauvre bête lui demande grâce; « il montre ce qu'il est », il la fait d'abord et noblement. Au dernier moment, le poète se prend de compassion pour lui. Il honore cette grandeur humiliée; il s'incline devant cette majesté qu'on outrage. Ce sont de nobles vers que ceux-ci :

Le malheureux lion, languissant, triste et morne,
Peut à peine rugir, par l'âge estropié.
Il attend son destin sans faire aucunes plaintes. (III, 14.)

Ce lion « chargé d'ans » et qui pleure « son antique prouesse », mais qui souffre et meurt sans rien dire, et à qui l'insulte seule arrache un gémissement, est héroïque comme un personnage de Corneille. Il assiste sans trouble à sa déchéance ; il dit en lui-même ces mots sublimes de Louis XIV : « quand j'étais roi ! » Et le poète admire sa grande âme. Ainsi Saint-Simon, voyant le roi mourir, oubliait les injustices du despote, pour contempler avec respect la sérénité généreuse du mourant.

II. Une procession d'habits dorés suit le maître ; il n'y a pas de roi sans courtisans. Au dix-septième siècle, chacun l'était, depuis Lafeuillade, qui faisait le tour de la statue du prince « avec les génuflexions et les prosternements qu'on rendait aux anciens empereurs », jusqu'au grand Condé, qui s'alliait avec empressement et reconnaissance aux bâtards du roi. Le pauvre La Fontaine met partout Louis dans l'Olympe ; un jour même il tendit la main, et la retira vide, en disant tristement (Walckenaer, 246) :

> Il ne m'appartient pas d'importuner les dieux.

Ce ton est bien humble, presque bas. Il promet à Mme de Montespan un temple, et met le duc du Maine dans l'Olympe. Quelques pages plus loin, le pauvre homme fait sa propre satire ; il est flatteur et raille les flatteurs.

> Je définis la cour un pays où les gens
> Tristes, gais, prêts à tout, à tout indifférents,
> Sont ce qu'il plaît au prince, ou, s'ils ne peuvent l'être,
> Tâchent au moins de le paraître.
> Peuple caméléon, peuple singe du maître,
> On dirait qu'un esprit anime mille corps :
> C'est bien là que les gens sont de simples ressorts.
>
> (VIII, 14.)

Voyons d'abord la cour tout entière. Tout à l'heure nous verrons paraître le courtisan par excellence, le renard. La scène est la même que dans Saint-Simon.

> La femme du lion mourut.
> Aussitôt chacun accourut
> Pour s'acquitter envers le prince
> De certains compliments de consolation
> Qui sont surcroît d'affliction. (*Ibid.*)

Proclamation, ordre et marche du cortége, maintien de circonstance, La Fontaine a pris note de chaque détail en fidèle historiographe.

> Il fit avertir sa province
> Que les obsèques se feraient
> Un tel jour, en tel lieu. Ses prévôts y seraient
> Pour régler la cérémonie
> Et pour ranger la compagnie.
> Jugez si chacun s'y trouva.
> Le prince aux cris s'abandonna,
> Et tout son antre en résonna.
> On entendit, à son exemple,
> Rugir en leurs patois Messieurs les courtisans.

Cette moquerie est légère. Saint-Simon est plus passionné et plus amer.

« Plus avant commençait la foule des courtisans de toute espèce. Le plus grand nombre, c'est-à-dire les sots, tiraient leurs soupirs de leurs talons, et, avec des yeux égarés et secs, louaient Monseigneur, mais toujours de la même louange, c'est-à-dire de bonté, et plaignaient le roi de la perte d'un si bon fils. Les plus fins d'entre eux ou les plus considérables s'inquiétaient déjà de la santé du roi ; ils se savaient bon gré de conserver tant de jugement parmi ce trouble, et n'en laissaient pas douter par la fréquence de leurs répétitions. — D'autres vraiment affligés ou de cabale frappée pleuraient amèrement ou se contenaient avec un effort aussi aisé à remarquer que les sanglots... Parmi ces diverses sortes d'affligés, peu ou point de propos, de conversation nulle ; quelque exclamation parfois répondue par une douleur voisine, un mot en un quart d'heure, des yeux sombres ou hagards, des mouvements des mains moins rares qu'involontaires, immobilité du reste presque entière. Les simples curieux ou peu soucieux presque nuls, hors les sots qui avaient en partage le caquet, les questions, le redoublement du désespoir, ou l'importunité pour les autres. » ( Chap. 168.)

Ceci est plus pénétrant, plus sérieux, plus profond. Mais La Fontaine a su trouver la vraie conclusion. Son courtisan met la bienheureuse reine « aux Champs-Elysées », parmi « ceux qui sont saints comme elle ». Il fait parler « la digne moitié » du monarque avec un ton noble, conjugal et délicat.

Laisse agir quelque temps le désespoir du roi.
J'y prends plaisir. A peine eut-on ouï la chose,
Qu'on se mit à crier : Miracle ! apothéose !

C'est « bravement crié ». Mais l'embarras est de trouver précisément le ton convenable. L'enthousiasme outré paraît hypocrite et offense.

Le singe approuva fort cette sévérité,
Et, flatteur excessif, il loua la colère
Et la griffe du prince, et l'antre, et cette odeur.
Il n'était ambre, il n'était fleur,
Qui ne fût ail au prix. (VI, 7.)

L'abbé de Polignac, dit Saint-Simon, se promenant à Marly avec le roi, par un mauvais temps, disait que la pluie de Marly ne mouillait pas. Cela parut si fade qu'il déplut au roi lui-même.

Sa sotte flatterie
Eut un mauvais succès, et fut encor punie.

Une complaisance servile dégoûte. On a vu déjà comment l'aigle rebute la pie qui s'offre au métier d'espion. C'est un grand art que de faire sa cour. On dépense autant de génie à ramper qu'à régner. « Aux qualités qu'on exige d'un domestique, combien peu de maîtres seraient dignes d'être valets! » Le renard résume tous les traits du courtisan, comme le lion tous ceux du monarque. Dans nos vieux fabliaux, il n'est que malin et méchant. Mais depuis ce temps il s'est poli et formé. Il a vécu dans les antichambres. On l'a « présenté »; il assiste au coucher, comme dit La Fontaine. Il est devenu légiste, avocat, savant, philosophe, le tout au profit de sa fortune. C'est son portrait que Labruyère a tracé dans ce passage :

« Un homme qui sait la cour est maître de son geste, de ses yeux, de son visage; il est profond, impénétrable; il dissimule les mauvais offices, sourit à ses ennemis, contraint son humeur, déguise ses passions, dément son cœur, parle et agit contre ses sentiments. » (*De la Cour*, 133.)

Mais on le connaîtra mieux en le voyant agir.

Dans les visites qui sont faites,
Le renard se dispense, et se tient clos et coi.
Le loup en fait sa cour. Le prince tout à l'heure

Veut qu'on aille enfumer renard dans sa demeure,
Qu'on le fasse venir. Il vient, est présenté;
Et, sachant que le loup lui faisait cette affaire...

Il invente subitement sa vengeance, mais se contient, de peur de la compromettre, et commence ainsi d'un ton doux :

Je crains, sire, dit-il, qu'un rapport peu sincère
Ne m'ait à mépris imputé
D'avoir différé cet hommage.

Puis, les yeux baissés et comme un saint homme :

Mais j'étais en pèlerinage,
Et m'acquittais d'un vœu fait pour votre santé.

Comme les choses se rencontrent! Il allait demander au ciel la guérison du roi; il l'a trouvée en chemin; les personnes pieuses ont tout bonheur. Il a vu des gens « experts et savants », et sait pourquoi Sa Majesté est languissante. Il apporte une consultation en forme; le dévot est devenu médecin, pose des principes, disserte, démontre :

Vous ne manquez que de chaleur;
Le long âge en vous l'a détruite.
D'un loup écorché vif appliquez-vous la peau
Toute chaude et toute fumante.
Le secret, sans doute, en est beau
Pour la nature défaillante.

Le voici enfin dans son naturel, c'est-à-dire cruel et railleur.

Messire loup vous servira,
S'il vous plaît, de robe de chambre. (VIII, 3.)

L'inhumanité et la possession de soi sont les sources de l'humeur sarcastique. Quand le renard n'est pas flatteur, il est moqueur, et paie tranquillement les services en insultes.

Si le ciel t'eût, dit-il, donné par excellence
Autant de jugement que de barbe au menton,
Tu n'aurais pas à la légère
Descendu dans ce puits. (III, 5.)

Mais il a tant d'esprit, qu'on l'admire, quoique vil et méchant. « Qui sait parler aux rois, dit Labruyère, c'est peut-être où se termine toute la prudence et toute la souplesse du courtisan. » Ce n'est rien que les louer; il faut leur prouver qu'ils le méritent. Tout est perdu s'ils soupçonnent qu'on les flatte. Il faut que le flatteur les convainque de sa sincérité et de leur vertu:

Sire, dit le renard, vous êtes trop bon roi,
Vos scrupules font voir trop de délicatesse.
Eh bien! manger moutons, canaille, sotte espèce,
Est-ce péché? Non, non; vous leur fîtes, seigneur,
En les croquant beaucoup d'honneur. (VII, 1.)

Après l'argument aristocratique, l'argument philosophique. Le panégyriste improvise une théorie du droit et une réfutation de l'esclavage. Il attaque éloquemment le berger qui s'arroge sur les animaux « un chimérique empire ». Ainsi parle un orateur de la couronne : « Quand vous voudrez revendiquer une province, disait le grand Frédéric à son neveu, faites provision de troupes. Vos orateurs prouveront surabondamment vos droits. »

Le courtisan est donc avocat; faire arme de tout, être toujours prêt sur le pour et le contre, fabriquer à l'instant et de toutes pièces un système de preuves, c'est la perfection du genre. Notre héros est descendu dans un puits où l'on voyait l'image de la lune.

> Compère loup, le gosier altéré,
> Passe par là. L'autre dit : Camarade,
> Je veux vous régaler. Voyez-vous cet objet?
> C'est un fromage exquis: le dieu Faune l'a fait;
> La vache Io donna le lait.
> Jupiter, s'il était malade,
> Reprendrait l'appétit en tâtant d'un tel mets.

Il est devenu mythologue consommé et fait usage de tous les dieux. Ainsi Cicéron, dans la péroraison des Verrines, adorateur imprévu des divinités populaires, évoquait contre Verrès l'Olympe outragé dont il se moquait dans ses livres. Mais quel langage de gastronome! quelles hyperboles appétissantes! Gourmet et mythologue, en un instant le fripon a joué deux rôles. Il prend les tons les plus divers, il profite des moindres circonstances, il s'autorise d'un changement astronomique.

> J'en ai mangé cette échancrure;
> Le reste vous sera suffisante pâture.

Il tourne les objections en preuves :

> Descendez dans ce seau que j'ai là mis exprès. (XI, 6.)

Cette fécondité d'invention ne tarit pas. Il ressemble à Panurge, « qui avait soixante-trois manières pour trouver toujours de l'argent à son besoin, dont la plus honorable et la plus commune était par façon de larcin furtivement fait, malfaisant, pipeur, buveur, batteur de pavé, ribleur s'il en était à Paris, au demeurant le meilleur fils du monde; et toujours machinait quelque chose contre les sergents et contre le guet. »

Il n'est pas donneur de son naturel. Quand il se met en frais pour traiter un convive, il fait comme Harpagon. « Il n'a pas envie de faire crever le monde, il n'invite pas les gens pour les assassiner à force de mangeaille. »

Le régal fut petit, et sans beaucoup d'apprêts.
Le galant, pour toute besogne,
Avait un brouet clair; il vivait chichement.
Ce brouet fut par lui servi sur une assiette.
La cigogne au long bec n'en put attraper miette,
Et le drôle eut lappé le tout en un moment.

Cette politique est plus profonde que celle de l'avare. Harpagon n'a inventé que le bon gros pâté au pot, bourré de marrons bien lourds, afin d'abattre l'appétit dès le premier service; du moins ses hôtes pourront dîner. Il ordonne au valet de ne verser du vin qu'après qu'on en aura demandé deux ou trois fois, et de porter toujours beaucoup d'eau; encore ne va-t-il pas boire dans leurs verres.

Mais en revanche que notre avare est empressé, complimenteur, obséquieux, agréable chez les autres! Comme il sourit gracieusement à son hôte! Il est heureux, il va dîner aux dépens d'autrui. De sa dernière ladrerie, nul souvenir. L'avare effronté est un effronté parasite. Intéressé, effronté, obséquieux, parasite, nous ne faisons jamais que décrire le courtisan.

A quelque temps de là, la cigogne le prie.
Volontiers, lui dit-il, car avec mes amis
Je ne fais pas cérémonie.
A l'heure dite il courut au logis
De la cigogne, son hôtesse,

Loua très fort sa politesse,
Trouva le dîner cuit à point.
Bon appétit surtout : renards n'en manquent point.
Il se réjouissait à l'odeur de la viande
Mise en menus morceaux, et qu'il croyait friande. (I, 18.)

Panurge était, comme lui, toujours prêt à dîner, « ayant nécessité urgente de se repaître, dents aiguës, ventre vide, gorge sèche, appétit strident. Tout y était délibéré, si on voulait le mettre en œuvre, et c'était baume de le voir briber. » (Liv. 29.)

Il y a beaucoup de ressemblance entre les deux personnages. Panurge, quand venait le danger, « s'enfuyait le grand pas de peur des coups qu'il craignait naturellement ». (Liv. II, 22.) Notre Panurge à quatre pattes se tient à l'écart, et expose à sa place le loup son bon ami.

Le renard s'excusa sur son peu de savoir.
Mes parents, reprit-il, ne m'ont pas fait instruire;
Ils sont pauvres, et n'ont qu'un trou pour tout avoir.
Ceux du loup, gros messieurs, l'ont fait apprendre à lire.
(XII, 17.)

Un instant après, quand le loup a bien emboursé les bénéfices de l'expérience, « et gît à terre mal en point, sanglant, gâté », il lui commente d'un fort grand sang-froid une maxime de morale. C'est double plaisir qu'une telle aventure : « Le galant y voit deux profits, son bien premièrement, et puis le mal d'autrui. » Quelquefois il échoue. Cela n'arrive-t-il pas aux plus habiles? « Tout ce grand raffinement, dit Labruyère, n'est qu'un vice qu'on appelle fausseté, quelquefois aussi inutile au courtisan pour sa fortune que la franchise, la sincérité et la vertu. » (VIII, *De la Cour*). Mais jamais il ne perd contenance. Il trouve toujours une raison plausible pour conserver son masque d'honnête homme et son honneur de fripon.

Adieu, dit le renard, ma traite est longue à faire.
Nous nous réjouirons du succès de l'affaire
Une autre fois. (II, 18.)

Il fait le grand seigneur « en dépit de ses dents ». Et quand le personnage de mendiant ne lui a pas réussi, il s'éloigne d'un air noble.

Ils sont trop verts, dit-il, et bons pour des goujats.

Telle est la grandeur de ce caractère; il invente plus d'expédients que le hasard d'obstacles; il espère encore quand il n'y a plus d'espérance. S'il a perdu sa queue, il voudra se donner des compagnons. (V, I.) Il sait tout supporter, même le triomphe d'un imbécile. Point de colère, il fléchit à l'instant le genou, et appelle le nouveau roi par ses titres. Il a même voté pour lui; il est sans humeur comme sans honneur. Lorsqu'on veut se venger, on n'a pas le loisir de s'indigner.

Quand il eut fait son petit compliment,
Il dit au roi : Je sais, sire, une cache,
Et ne crois pas qu'autre au monde la sache.
Or tout trésor, par droit de royauté,
Appartient, sire, à votre majesté.
Le nouveau roi bâille après la finance;
Lui-même y court, pour n'être pas trompé.
C'était un piége; il y fut attrapé. (VI, 6.)

Tel est le portrait complet du courtisan. Avide, impudent, dur, railleur, perfide, sans pitié, mais spirituel, prompt, inventif, persévérant, maître de soi, éloquent, son métier a fait son caractère. N'ayant de revenu que celui des autres, il faut bien qu'il vive sur le public, et en particulier aux dépens du roi.

Au reste, l'ordonnance suivante, rédigée par Montesquieu, est l'abrégé de son histoire, et la définition de la cour :

« Le courage infatigable de quelques uns de nos sujets à nous demander des pensions ayant exercé sans relâche notre magnificence royale, nous avons enfin cédé à la multitude des requêtes qu'ils nous ont présentées et qui ont fait jusqu'ici la plus grande sollicitude du trône. Ils nous ont représenté qu'ils n'ont pas manqué depuis notre avènement à la couronne de se trouver à notre lever ; que nous les avons vus toujours sur notre passage, immobiles comme des bornes, et qu'ils se sont extrêmement élevés pour regarder sur les épaules les plus hautes Notre Sérénité. Nous avons encore reçu plusieurs requêtes de la part de quelques personnes du beau sexe qui nous ont supplié de faire attention qu'il était notoire qu'elles sont d'un entretien très difficile ; quelques unes même très surannées nous ont prié, en branlant la tête, de faire attention qu'elles ont fait l'ornement de la cour des rois nos prédécesseurs, et que si les généraux de leurs armées ont rendu l'état redoutable par leurs faits militaires, elles n'ont pas rendu la cour moins célèbre par leurs intrigues. Ainsi, désirant traiter les suppliants avec bonté, et leur accorder toutes leurs prières, nous avons ordonné ce qui suit :

» Que tout laboureur ayant cinq enfants retranchera journellement la cinquième partie du pain qu'il leur donne. Enjoignons aux pères de famille de faire la diminution sur chacun d'eux aussi juste que pourra.

» Ordonnons que toutes personnes qui s'exercent à des travaux vils et mécaniques, lesquelles n'ont jamais été au lever de Notre Majesté, n'achètent désormais d'habits à eux, à leurs femmes et à leurs enfants, que de quatre ans en quatre ans. » (*Lettres persanes*, éd. Panthéon, 125.)

III. Il n'y a pas de rois sans roitelets; au reste, c'est l'esprit royal, transporté ailleurs, mais le même à tous les étages.

« Il semble qu'on livre en gros aux premiers de la cour l'air de hauteur, de fierté, de commandement, afin qu'ils le distribuent en détail dans les provinces. Ils font précisément comme on leur fait, vrais singes de la royauté. » (Ch. VIII, Labruyère.)

Ajoutons qu'ils paient d'avance en flatteries les flatteries qu'ils recevront. Les dieux même ont chez eux le commerce de servilité et d'arrogance. Quand Jupiter veut faire instruire son fils, l'Olympe entier applaudit : « Pour savoir tout, l'enfant n'avait que trop d'esprit ! » Mais on leur rend bien leurs adulations.

Tous les gens querelleurs, jusqu'aux moindres mâtins,
Au dire de chacun étaient de petits saints. (VII, 1.)

Il n'y a pas même besoin d'êtrequerelleur; il suffit d'approcher du prince.

« Mademoiselle Choin avait une chienne dont elle était folle, à qui tous les jours le maréchal d'Uxelles de la porte Gaillon où il logeait envoyait des têtes de lapin rôties, attenant le petit Saint-Antoine où elle logeait, et où le maréchal allait souvent et était reçu et regardé comme un oracle. Le lendemain de la mort de Monseigneur, l'envoi des têtes de lapin cessa, et oncques depuis mademoiselle Choin ne le revit ni n'en entendit parler. » (Ch. 244, Saint-Simon.)

Mais quoi qu'ils disent ou fassent, leurs manières sont admirables. Ecoutons Borée, qui propose au Soleil de dépouiller un voyageur de son manteau. Je ne sache rien qui peigne mieux l'air dégagé et noble, la politesse élégante et digne. C'est M. de Sotenville invitant Clitandre « au divertissement de courre un lièvre ».

> L'ébattement pourrait vous en être agréable?
> Vous plaît-il de l'avoir? (VI, 3.)

Au reste, il y a des seigneurs de différents ordres et de différents caractères. Au premier rang est le petit prince provincial, glorieux d'être parent du roi, et qui croit que le monde a les yeux sur sa bicoque.

L'éléphant reçoit le singe de Jupiter. Il commence avec une modestie affectée où perce la vanité satisfaite.

> Mon cousin Jupiter, dit-il, verra dans peu
> Un assez beau combat de son trône suprême;
> Toute sa cour verra beau jeu.
> — Quel combat? dit le singe avec un front sévère.
> L'éléphant repartit : Quoi! vous ne savez pas
> Que le rhinocéros me dispute le pas,
> Qu'Eléphantine a guerre avecque Rhinocère?
> Vous connaissez les lieux; ils ont quelque renom.
> — Vraiment, je suis charmé d'en apprendre le nom,
> Repartit maître Gille : on ne s'entretient guère
> De semblables sujets dans nos vastes lambris. (XII, 21.)

L'ours est le hobereau solitaire et rustre que n'ont point attiré les fêtes de Versailles ; il est le seul qui conserve encore la rouille antique, pesant, disgracieux, morose.

Jamais, s'il nous veut croire, il ne se fera peindre. (I, 7.)

Il est vrai qu'un jour il quitte son trou; mais il ne devient pas pour cela homme du monde. C'est un manant qui entre en souliers ferrés dans un salon. Son voisin, par ses manières exquises, met encore dans un plus grand jour sa gaucherie et sa grossièreté.

Seigneur,
Vous voyez mon logis. Si vous voulez me faire
Tant d'honneur que d'y prendre un champêtre repas,
J'ai des fruits, j'ai du lait. Ce n'est peut-être pas
De nosseigneurs les ours le manger ordinaire;
Mais j'offre ce que j'ai.
L'ours, très mauvais complimenteur,
Répond : Viens-t'en me voir...

Il est peu inventif, et ne se prodigue pas en conversation. Quoique « en un jour il ne dise pas deux mots, » il est bonne bête pourtant et fidèle.

Il allait à la chasse, apportait du gibier,
Faisait son principal métier
D'être bon émoucheur; écartait du visage
De son ami dormant le parasite ailé
Que nous avons mouché appelé.
Un jour que le vieillard dormait d'un profond somme,
Sur le bout de son nez une allant se placer,
Mit l'ours au désespoir.

Mais ses expédients ne sont pas heureux, et quand il se mêle de raisonner, c'est un tireur terrible de conséquences.

Je t'attraperai bien, dit-il, et voici comme.
Aussitôt fait que dit. Le fidèle émoucheur
Vous empoigne un pavé, le lance avec raideur,
Casse la tête à l'homme en écrasant la mouche.

Comme les misanthropes et les silencieux, il s'entête aisément d'une idée, et bâtit à ses frais pour étayer son système. Lorsque avec « sa serre » il a bien retourné le compagnon qui fait le mort, il invente judicieusement une raison de partir.

C'est, dit-il, un cadavre. Otons-nous, car il sent. (v, 20.)

Il parle avec bon sens, et franchement, mais grossièrement et avec des tournures triviales.

*Ma commère,*
Un mot sans plus. Tous les enfants
Qui vous sont *passés par les dents*
N'avaient-ils ni père ni mère? (x, 13.)

S'il plaisante, c'est en ours, d'un ton traînant, avec de grosses railleries, et une façon de congédier les gens qui n'appartient qu'à lui. Ulysse lui dit :

Eh! mon frère!
Comme te voilà fait! Je t'ai vu si joli!
— Ah! vraiment, nous y voici,
Reprit l'ours à sa manière.
Comme me voilà fait! Comme doit être un ours.
Te déplais-je? Va-t'en, suis ta route, et me laisse.
(xii, 1.)

Tout va bien pourtant, tant qu'il ne se hasarde pas chez le roi. Encore n'y va-t-il que par convocation, et pour la cour plénière. Il eût mieux fait de rester chez lui, et d'apprendre que « dans un Louvre, fût-ce un vrai charnier », on ne doit jamais boucher sa narine.

La grimace déplut. Le monarque irrité
L'envoya chez Pluton faire le dégoûté.

Aussi bien il faisait tache dans la noblesse. Aujourd'hui elle a quitté ses champs, et laissé là ses mœurs. Il ne reste que les vilains à la campagne. Le gentilhomme vit dans les antichambres, les salons, les ruelles. Il est beau diseur, sémillant, important, importun, petit-maître. Comparez Acaste le petit marquis et la mouche de La Fontaine. Acaste papillonne avec son habit doré, comme la mouche avec ses ailes.

J'ai du bien, je suis jeune, et sors d'une maison
Qui peut se dire noble avec quelque raison.

Tous deux sont galants. Acaste est « fort aimé du beau sexe » ; mais la mouche a l'avantage, et si le marquis l'entendait, il serait jaloux.

Mais, ma mignonne, dites-moi,
Vous campez-vous jamais sur la tête d'un roi,
D'un empereur ou d'une belle?
Je le fais, et je baise un beau sein quand je veux.

Le gentilhomme est plus discret, mais conclut de même.

Je crois après cela, mon cher marquis, je croi
Qu'on peut en tout pays être content de soi.

Acaste est « un de ces mérites qui n'ont que la cape et l'épée », et pourra bien, après avoir hanté les palais et s'être assis à la table du maître, jeûner l'hiver dans ses terres ; et le pauvre bestiou qui levait la dîme sur les dîners de Jupiter mourra aux premiers froids.

Mais, en ce moment, son métier de parasite l'a engraissé ; il a reçu du roi titres et pensions. « C'est un dogue aussi puissant que beau, gras, poli », dont la tournure et l'air florissant font plaisir à voir. C'est par hasard qu'il est aux champs et rencontre le loup, maigre et hardi capitaine d'aventures. Il est citadin « et s'est fourvoyé par mégarde ».

« Voudriez-vous, faquins, qu'il allât exposer son habit brodé aux inclémences de la saison, et imprimer ses pieds en boue? » (*Précieuses ridicules.*)

C'est un seigneur, on l'aborde humblement. Le pauvre coureur à longue échine débute par un compliment. Il n'a pas la maladresse de l'interpeller brusquement comme dans Phèdre :

Unde, quæso, sic nites?

Ni surtout de le choquer gratuitement, en se disant « plus brave que lui ».

Aussi le chien répond avec un air de protection polie et de condescendance noble. Il donne au loup un titre honorable.

> Il ne tiendra qu'à vous, *beau sire*,
> D'être aussi gras que moi.

Il épargne l'amour-propre du loup, qui, dans Phèdre, fait lui-même l'humiliante confession de sa misère. Il la devance et l'adoucit. Il s'en charge et la rend générale et indirecte. Il plaint, non le Loup lui-même, mais ses pareils. On est à demi consolé de sa pauvreté quand on pense que d'autres sont pauvres.

> Quittez les bois, vous ferez bien :
> Vos pareils y sont misérables.

Mais sous ces dehors aimables on voit percer le grand seigneur dédaigneux, qui du haut de son luxe regarde en pitié « ces cancres, ces hères, ces pauvres diables, dont la condition est de mourir de faim ». Dans Phèdre, le chien n'est qu'un valet de ferme, simple concierge, serviteur utile, « qui garde la porte et la nuit défend la maison contre les voleurs. » Dans La Fontaine, il est premier gentilhomme de la chambre, huissier des entrées, chevalier de l'étiquette.

> À son maître complaire,
> Donner la chasse aux gens
> Portant bâtons et mendiants.

Le chien romain est un grossier esclave, goinfre et vil, qui ne voit dans son métier que les profits de son ventre, trop heureux d'attraper « les morceaux que lui jettent les esclaves et les ragoûts dont personne ne veut ». Le chien français est plus délicat; ses aubaines sont « des os de poulet et de pigeon, sans parler de mainte caresse ». Il ne décrit pas longuement sa servitude comme fait l'autre. Il en parle d'un ton léger et dégagé, comme un homme qui ne la sent plus, ou qui ne veut plus la sentir.

> Qu'est cela? dit le loup. — Rien. — Quoi! rien. — Peu de chose.
> — Mais encor? — Le collier dont je suis attaché
> De ce que vous voyez est peut-être la cause.

L'aventurier retourne au bois, et le seigneur regagne sa niche.

Le point dans ce métier est d'être servile sans être bas. Ainsi l'on se respecte soi-même, et par exemple l'on n'oublie jamais ce que l'on doit à son estomac. Un homme de qualité déroge quand il fait mauvaise chère. C'est par point d'honneur, plutôt que par gourmandise qu'il veut bien dîner. Voyez plutôt ce grand seigneur valétudinaire, « la tête emmanchée d'un long cou », qui près de la rivière promène sur ses longues jambes son long corps étique. Distrait, ennuyé, mélancolique, on dirait qu'il prend l'air par ordonnance du médecin. Son dîner est servi.

Tous approchaient du bord : l'oiseau n'avait qu'à prendre ;
Mais il crut mieux faire d'attendre
Qu'il eût un peu plus d'appétit.
Il vivait de régime, et mangeait à ses heures.

Mais jamais viande de vilain :

Moi ! des tanches ! dit-il, moi, héron, que je fasse
Une si pauvre chère ! Eh ! pour qui me prend-on ?
La tanche rebutée, il trouva du goujon.
Du goujon ! c'est bien là le dîner d'un héron !
J'ouvrirais pour si peu le bec ! Aux dieux ne plaise !
(VII, 4.)

Insolence contre les choses, insolence contre les gens. Malgré sa politesse, le gentilhomme ne peut parler sans choquer, parce qu'il ne peut se rencontrer avec personne sans prendre le haut bout. Sa compassion est humiliante, parce qu'elle est un déguisement d'amour-propre ; et ses souhaits une dérision, parce qu'ils sont une politesse d'égoïste. Le chêne plaint le frêle roseau, « dont le moindre vent courbe la tête », et qui porte avec peine le fardeau d'un roitelet ; mais c'est pour avoir le droit de se louer lui-même aux dépens de son pauvre voisin :

Cependant que mon front, au Caucase pareil,
Brave l'effort de la tempête,
Tout vous est aquilon, tout me semble zéphir. (I, 22.)

Des paroles de protection sont pour le protecteur un triomphe. Qu'il est doux pour le chêne d'offrir « l'abri de son feuillage » à qui ne peut en profiter ! L'orgueil savoure son plaisir à bon compte, et l'on se trouve généreux sans frais.

La Fontaine a pris plaisir à résumer tous les traits de ce caractère et à mettre en scène le gentilhomme sous son vrai nom. Le digne seigneur, comme le héron, a soin de son estomac.

De quand sont vos jambons ? Ils ont fort bonne mine.
— Monsieur, ils sont à vous. — Vraiment ! dit le seigneur ;
Je les reçois, et de bon cœur.
Il déjeune très bien ; ainsi fait sa famille,
Chiens, chevaux et valets, tous gens bien endentés.

Il a cette impertinence aisée et cette bienveillance offensante qui mettent le bourgeois à cent pieds au dessous de lui.

La fille du logis, qu'on vous voie ; approchez.
Quand la marîrons-nous ? quand aurons-nous des gendres ?

Il a les façons conquérantes d'un homme du bel air qui ne se trouve pas fait « pour aimer à crédit et faire tous les frais ».

Disant ces mots, il fait connaissance avec elle,
Auprès de lui la fait asseoir,
Prend une main, un bras, lève un coin du mouchoir :
Toutes sottises dont la belle
Se défend avec grand respect.

Il a surtout l'instinct féodal :

Il commande chez l'hôte, y prend des libertés,
Boit son vin, caresse sa fille. (IV, 4.)

Le vilain est toujours gent corvéable et taillable, bête de somme, que son seigneur honore en lui mettant la bride et en le faisant trotter.

IV. Il fallait donner le pas au seigneur du village : nous sommes amis de l'étiquette, et nous gardons les rangs dans cette procession de portraits. Maintenant,

> Notre curé suit son seigneur;
> Tous deux s'en vont de compagnie.

Ici encore, La Fontaine est peu respectueux, mais ce n'est point par choix. Il faut pardonner à un homme qui fait son métier, et dont le métier est d'être satirique. Songeons, d'ailleurs, que sa raillerie n'est pas cruelle. Son messire Jean Chouart est gai, jovial, exploite son mort, et lui débite en vrai marchand toute une provision de cérémonies. Il y a dans ce récit beaucoup de malice, mais point de méchanceté.

> Un mort s'en allait tristement
> S'emparer de son dernier gîte.
> Un curé s'en allait gaîment
> Enterrer ce mort au plus vite.

On devient insensible par habitude ; et que de choses n'excuse pas le métier ? N'a-t-il pas tout à l'heure excusé la satire dans La Fontaine ?

> Monsieur le mort, j'aurai de vous
> Tant en argent et tant en cire,
> Et tant en autres menus coûts. (VII, 11.)

Ne sommes-nous pas tous faits de la sorte ? On ne voit d'abord dans son emploi que ce qu'il a de généreux et d'utile. On est prodigue d'enthousiasme et de dévouement. Cette belle source tarit vite; on songe à soi après avoir songé aux autres. On devient homme de ménage, on calcule de petits profits qui paieront de petits plaisirs. Le bonheur est-il autre chose que le bien-être?

Il fondait là-dessus l'achat d'une feuillette
Du meilleur vin des environs.

Messire Chouart est un bon homme, il s'occupe aussi des autres.

Certaine nièce assez proprette
Et la chambrière Paquette
Devaient avoir des cotillons.

Si le seigneur du village n'était pas mort, chacun voudrait être à sa place. Messire Chouart est certainement un voisin commode.

On peut bâtir sans crainte autour de sa demeure.

N'est-ce pas beaucoup? La Fontaine plus que personne eût été son ami, et la feuillette n'eût point été de trop entre le fabuliste et le curé.

Il n'en est pas ainsi du moine, « du moine ocieux, dit Rabelais, qui ne prêche ni endoctrine le monde, comme le bon docteur Evangélique et Pédagogue ». (Liv. 1, 40.) La Fontaine trouve qu'il n'a renoncé au monde que pour songer à soi, et que son abnégation n'est qu'égoïsme. Ecoutez ses réponses. Que de raisons pour être charitable! Ce sont des concitoyens, des députés du peuple rat.

Ratopolis était bloquée,
On les avait contraints de partir sans argent,
Attendu l'état indigent
De la république attaquée.

Ils demandaient fort peu, certains que le secours
Serait prêt dans quatre ou cinq jours. (VII, 3.)

Mais le rat est un de ces ermites dont parle Jean de Meung (vers 11075-11879),

Qui se font pauvres, et si se vivent
De bons morceaux délicieux
Et boivent les vins précieux,
Et la pauvreté vont prêchant,
Et les grands richesse pêchant...
Nous sommes, ci vous fait savoir,
Cils qui ont tout sans rien avoir.

Le citoyen du fromage de Hollande est arrière-petit-fils de Faux-Semblant.

Quand je vois tous nus les truands
Trembler sur des fumiers puants,
De froid, de faim, crier et braire,
Ne m'entremets de leur affaire.

Seulement il parle d'un ton plus doux.

Mes amis, dit le solitaire,
Les choses d'ici-bas ne me regardent plus.
En quoi peut un pauvre reclus
Vous assister? Que peut-il faire
Que de prier le Ciel qu'il vous aide en ceci?
J'espère qu'il aura de vous quelque souci.

« Dieu vous bénisse! » formule admirable

Pour affubler sa renardie
Du manteau de papelardie.

Le rat paie en prières, et, cet impôt acquitté, met les gens à la porte.

La Fontaine a voulu peindre tout au long ce portrait de l'hypocrite, et les grands moralistes du temps, Molière et Labruyère, se recontrent là-dessus avec lui. Ne fallait-il pas mettre un siècle religieux en garde contre la religion fausse? On ne fabrique la mauvaise monnaie qu'à l'imitation de la bonne, et toute vertu a sa contrefaçon. La chapelle du roi se remplissait de courtisans quand il allait à la messe. Un jour qu'il y vint sans être attendu, il fut étonné de la trouver vide. Peut-on blâmer La Fontaine d'avoir raillé un vice naturel et officiel?

> C'était un chat vivant comme un dévot ermite,
> Un chat faisant la chattemite,
> Un saint homme de chat, bien fourré, gros et gras...
>
> (VII, 16.)

Tartufe aussi se nourrissait bien, « buvant à son déjeuner quatre grands coups de vin, et mangeant fort dévotement deux perdrix avec une moitié de gigot en hachis»; il avait le teint fleuri et l'oreille rouge; tous deux avaient profité du métier, et, quand on voit Grippeminaud jeter si prestement la patte sur les plaideurs et «les mettre d'accord en croquant l'un et l'autre », on juge qu'il est digne de son confrère. Mais il agit ici d'une façon trop expéditive pour montrer son caractère tout entier. Le voici maintenant plein et achevé, « archipatelin, vrai Tartufe », tout confit de mielleuses et pieuses paroles. C'est qu'il est pris au piége et demande secours au rat.

> Cher ami, c'est à bon droit
> Que seul entre les tiens, par amour singulière,
> Je t'ai toujours choyé, t'aimant comme mes yeux.
> Je n'en ai pas regret, et j'en rends grâce aux dieux.

J'allais leur faire ma prière,
Comme tout dévot chat en use le matin. (VIII, 22.)

N'est-ce pas le mot de l'autre :

Il est, Monsieur, trois heures et demie :
Certain devoir pieux me rappelle là-haut.

L'habitude est si forte qu'une fois délivré, son langage reste dévot comme auparavant.

Penses-tu que j'aie oublié
Qu'*après Dieu* je te dois la vie ?

Ainsi, dans Shéridan, l'hypocrite anglais, Joseph Surface, se surprend à faire de grandes phrases devant son ami Snake. A force de prêcher, on finit par ne plus pouvoir parler qu'en sermons.

V. Derrière le clergé et la noblesse, loin, bien loin, le chapeau à la main, dans une attitude respectueuse, marche le tiers-état, « frère cadet des deux premiers ordres » si on l'en croit, « simple valet » selon la déclaration des gentilshommes. Les bonnes villes, bourgeoisies et corps de métiers, ont envoyé leur députation de ridicules, et La Fontaine, qui semble un bourgeois quand il raille les nobles, semble un noble quand il raille les bourgeois. Sa satire est impartiale parce qu'elle est universelle, et universelle parce qu'elle est de bon goût.

Nos bourgeois s'assemblent. Mais les mœurs et les délibérations varient suivant les communes. D'abord, on voit la grosse cité de Flandre, les gras et opulents bourgeois qui, à Rosebecque, étouffèrent dans leurs cuirasses, et partent pour la bataille, le visage frais et fleuri, avec force vivres dans leur bissac. Il faut admirer le bourgmestre.

C'était un maître rat,
Dont la rateuse seigneurie
S'était logée en bonne hôtellerie,
Et qui cent fois s'était vanté
De ne craindre ni chat ni chatte,
Ni coups de dent, ni coups de patte.
Dame souris, lui dit ce fanfaron,
Ma foi! quoi que je fasse,
Seul je ne puis chasser le chat qui vous menace.
Mais assemblons tous les rats d'alentour:
Je lui pourrai jouer d'un mauvais tour.

Voilà bien l'homme content de lui-même, qui préside le conseil, et porte sur ses larges épaules toute la chose publique. Son dernier mot veut être malicieux, et il essaie à la fois de faire l'important et l'homme d'esprit. Il court à l'assemblée des rats gastronomes, et arrive « les sens troublés, et tous les poumons essoufflés ». Le gros petit homme est d'un tempérament sanguin et asthmatique. W. Scott l'a retrouvé dans Quentin Durward. Il propose l'affaire.

Chacun dit : Il est vrai, sus, sus, courons aux armes.
Quelques rates, dit-on, répandirent des larmes;
N'importe, rien n'arrête un si noble projet.
Chacun met dans son sac un morceau de fromage.

(XII, 26.)

Lafontaine garde jusqu'aux plaisanteries fanfaronnes et au ton trivial de ces recrues improvisées qui, « l'esprit content, le cœur joyeux », vont à la guerre « comme à la fête » et promettent « de risquer le paquet ». Mais quand le chat s'avance en grondant, les galants chevaliers du beau sexe reprennent subitement leur circonspection commerciale, et « font une retraite fortunée », laissant leur bonne amie entre les pattes du matou. Nous savons maintenant à quoi nous en tenir sur l'esprit militaire de la bourgeoisie : à la vue du prince elle rentre dans son trou.

Qu'elle y reste, car elle n'est guère plus habile en diplomatie. Le seigneur du pays l'a long-temps taillée et foulée à merci. « C'est sur eux qu'il fondait sa cuisine. »

Viviers et réservoirs lui payaient pension.

Mais tout d'un coup il prend le ton familier, et se fait populaire. Il tire à part l'écrevisse « sa commère » et l'envoie charitablement avertir les poissons que dans huit jours le maître de l'étang pêchera. Voyez le trouble de ce pauvre peuple, cet empressement, ce désordre d'esprit, ces questions accumulées, cette confiance précipitée.

Grande est l'émute.
On court, on s'assemble, on députe
A l'oiseau : Seigneur Cormoran,
D'où vous vient cet avis? Quel est votre garant?
Etes-vous sûr de cette affaire?
N'y savez-vous remède? et qu'est-il bon de faire? (x, 4.)

Ils se jetteraient volontiers dans son bec, et s'y jettent en effet. La bourgeoisie fera bien de laisser l'administration comme la guerre aux seigneurs.

Quand ils ne sont pas à plaindre, ils sont ridicules.

Tracassiers, importuns, bavards, ils s'agitent pour une vétille.

Le soleil, à leur dire, allait tout consumer.
Il fallait promptement s'armer,
Et lever des troupes puissantes.
Aussitôt qu'il faisait un pas,
Ambassades croassantes
Allaient dans tous les états.
A les ouïr tout le monde,
Toute la machine ronde,
Roulait sur les intérêts
De quatre méchants marais. (XII, 24.)

Ils sont inconstants, mécontents par état, frondeurs, faiseurs de remontrances, fatigants, obstinés, insupportables, et pardessus tout impertinents et poltrons. Ils se lassent de « l'état démocratique »; et quand Jupin, fatigué de leurs clameurs, leur donne pour roi « un bon sire, tout pacifique », la gent « sotte et peureuse » va se cacher dans tous les trous, jusqu'à ce qu'elle redevienne familière et insolente. Pourquoi sont-ils si déplaisants? Quand le roi des dieux leur envoie une grue « qui les tue, qui les croque, qui les gobe à son plaisir », on est presque du parti de la grue et de Jupiter. Ces ridicules, propriété publique de la bourgeoisie assemblée, sont encore la propriété privée du bourgeois rentré dans sa maison.

Les conditions font les caractères, car le caractère n'est que l'ensemble des sentiments habituels, qui naissent de notre état journalier. Nos occupations et nos habitudes sont comme une température morale qui fortifie et redresse notre âme, ou l'affaiblit et la fait ramper. La fougère dans les climats chauds est un grand arbre, et chez nous une pauvre plante avortée. Le seigneur, entouré des respects, méprise les autres et se respecte lui-même. Il prend de soi et des autres l'opinion que les autres ont d'eux-mêmes et de lui. L'artisan, dans son étroite échoppe, attaché à son métier machinal, occupé tout le jour par la pensée d'un écu, perd le sens du beau, l'aisance d'esprit, la hardiesse des désirs, et son âme se rapetisse avec ses pensées. Nous naissons tous et nous croissons d'un mouvement spontané, libres, élancés, comme des plantes saines et vigoureuses. On nous transplante, on nous redresse, on nous émonde, on nous courbe. L'homme disparaît, la machine reste; chacun prend les défauts de son état, et de ces travers combinés naît la société humaine.

Le bourgeois sait qu'il est bourgeois et s'en chagrine. Sa seule ressource est de mépriser les nobles, ou de les imiter. Il se met au dessus d'eux ou parmi eux « et se croit un personnage ». Cet orgueil est raisonneur et esprit fort.

> Le rat s'étonnait que les gens
> Fussent touchés de voir cette pesante masse,
> Comme si d'occuper ou plus ou moins de place
> Nous rendait, disait-il, plus ou moins importants.

Il est clair que ce philosophe de grenier est un disciple anticipé de Jean-Jacques, et médite un traité sur les droits du rat et l'égalité animale.

> Mas qu'admirez-vous tant en lui, vous autres hommes?
> Serait-ce ce grand corps qui fait peur aux enfants?

Nous ne nous prisons pas, tout petits que nous sommes,
D'un grain moins que les éléphants.

Voilà bien le ton aigre d'un plébéien révolté, et la suffisance pédante d'un penseur qui s'est dégagé des préjugés vulgaires. « Cela veut raisonner de tout, disait le duc de Castries, et cela n'a pas mille écus de rente. »

Raisonner! puissance et droit étrange, dont chacun commence à user, jusqu'à l'âne, qui se demande « à quoi bon porter les herbes au marché, et s'il faut pour cela interrompre son somme ». Il ferait mieux « de songer à attraper les morceaux de chou qui ne lui coûtent rien ». Quant au rat, il est réfuté à l'instant par un argument personnel.

Le chat, sortant de sa cage,
Lui fit voir en moins d'un instant
Qu'un rat n'est pas un éléphant. (VIII, 15.)

Le bourgeois frondeur, satirique, égalitaire, est rare au XVIIe siècle. Pour échapper à la roture, il ne se fait pas philosophe, mais noble. Nous n'avons guère de Jean-Jacques, mais plus d'un M. Jourdain.

Le mulet d'un prélat se piquait de noblesse
Et ne parlait incessamment
Que de sa mère la jument,
Dont il contait mainte prouesse:
Elle avait fait ceci, puis avait été là.
Son fils prétendait pour cela
Qu'on le dût mettre dans l'histoire. (VI, 7.)

Cet âne, du moins, est encore un peu gentilhomme, et nous lui avouons que le ventre anoblit. Pour le singe, il s'invente au premier coup toute une parenté; le Pirée d'abord, « son meilleur ami », puis « son cousin le juge maire ». Mais il n'est qu'un écervelé, et babille à tort et à travers. Voici la vanité sentencieuse, réfléchie, compassée, qui s'étale en discours étudiés. L'âne fait encore ici les frais de l'histoire.

J'ouis que l'un des deux disait à son confrère :
Seigneur, trouvez-vous pas bien injuste et bien sot
L'homme, cet animal si parfait? Il profane
Notre auguste nom, traitant d'âne
Quiconque est ignorant, d'esprit lourd, idiot ;
Il abuse encore d'un mot,
Et traite notre rire et nos discours de braire.
Les humains sont plaisants de prétendre exceller
Par dessus nous ! Non, non, c'est à vous de parler,
A leurs orateurs de se taire.
Voil[illegible]s vrais braillards. Mais laissons là ces gens.
Vous m'entendez, je vous entends,
Il suffit. Et quant aux merveilles
Dont votre divin chant vient frapper les oreilles,
Philomèle est au prix novice dans cet art.
Vous surpassez Lambert. — L'autre baudet repart :
Seigneur, j'admire en vous des qualités pareilles. (XI, 5.)

Ces ânes se décernent à eux-mêmes un brevet. Que ne peut-on avec le nom de gentilhomme en prendre l'élégance ! Mais sous un habit de cour un lourdaud est plus lourd encore.

Dans cette admirable pensée,
Voyant son maître en joie, il s'en vient lourdement,
Lève une corne tout usée,
La lui porte au menton fort amoureusement,
Non sans accompagner, par plus grand ornement,
De son chant gracieux cette action hardie. (IV, 5.)

Il n'est pas jusqu'aux travers du noble qui ne soient

nobles. « Il n'y a rien de si délié, dit Labruyère, de si simple, de si imperceptible, où il n'entre des manières qui nous décèlent. Un sot ni n'entre, ni ne sort, ni ne s'assied, ni ne se lève, ni ne se tait, ni n'est sur ses jambes, comme un homme d'esprit. »

Ainsi le simple gourmand n'a pas la délicatesse aristocratique. Il mange bien, mais pour manger bien, et non pour honorer son estomac. Le rat, « qui ne connaît l'Avent ni le Carême », est un joli petit gourmet, réjoui, tout rondelet et guilleret, et ne ressemble guère au héron dédaigneux et mélancolique.

> Une grenouille approche et lui dit en sa langue :
> Venez me voir chez moi, je vous ferai festin.
> Messire rat promit soudain.

L'oiseau de qualité n'eût pas promis si vite ; il eût craint de se compromettre et eût vérifié le rang de son hôte. Il eût trouvé l'invitation laconique, et l'eût voulue plus respectueuse : son dîner est une affaire d'étiquette. Messire rat n'y fait pas tant de façons.

On imiterait encore plus aisément la gourmandise du seigneur que son impertinence : car il n'est gourmand que par accident, tandis qu'il est impertinent par nature. Nulle bête ou plante bourgeoise n'attrapera ce ton de compassion humiliante et cette quiétude de vanité bienheureuse qu'avait si naturellement le chêne. Le pot de fer n'est qu'un capitan qui propose son escorte (v, 2). Les plaisanteries du bourgeois riche ne sont que grossières. Saint-Simon prend un autre ton pour railler « la plume et la robe ». Nous n'avons ici qu'un Turcaret.

Mon ami, disait-il souvent
Au savant,
Vous vous croyez considérable;
Mais, dites-moi, tenez-vous table?
Que sert à vos pareils de lire incessamment?
Ils sont toujours logés à la troisième chambre,
Vêtus au mois de juin comme au mois de décembre,
Ayant pour tout laquais leur ombre seulement.

Cet homme n'estime en soi que « l'argenterie de sa table, le grand nombre de laquais qui le suivent, les six bêtes qui le traînent »; et il a raison. Il est politique comme le Giton de Labruyère, mais toujours sot et brutal.

La république a bien affaire
De gens qui ne dépensent rien!
Je ne sais d'homme nécessaire
Que celui dont le luxe épand beaucoup de bien.
Nous en usons, Dieu sait! Notre plaisir occupe
L'artisan, le vendeur, celui qui fait la jupe,
Et celle qui la porte.

Ce gros rire libertin n'est qu'une fanfaronnade de mauvais goût. Le parvenu est jusqu'au ventre en la litière; mais il a beau faire, on devine son père l'âne.

Un petit bout d'oreille échappé par malheur
Découvrit la fourbe et l'erreur.

En voyant sa lourdeur et sa suffisance, chacun est disposé à le renvoyer au moulin.

L'impertinence est plus naïve dans le jeune homme « que ses parents, gros messieurs, ont fait apprendre à lire »; mais elle est toujours ridicule, parce qu'elle manque de convenance. Le ridicule n'est que la disproportion. Dans le seigneur, le rang et la vanité sont d'accord; c'est pourquoi l'orgueil, quoique offensant, reste noble. Dans le bourgeois, l'outrecuidance et la condition font contraste; c'est pourquoi son arrogance, quoique excusable, fait pitié. Voyez le souriceau qui commence comme un poète épique :

J'avais franchi les monts qui bordent cet état
Et trottais comme un jeune rat
Qui cherche à se donner carrière,
Lorsque deux animaux ont arrêté mes yeux.

Quant au rat son confrère, il fait comme l'écolier de Faust. Du haut de son expérience improvisée, il contemple avec mépris la génération arriérée qui le précède, et sourit d'un air de grand homme, savant et pédant, en pensant à son père, « pauvre sire qui n'osait voyager, craintif au dernier point ». Cette vanité de bourgeois lui porte malheur. Qu'il renonce à l'impertinence; qu'il rentre dans son caractère et se contente d'être lui-même; qu'il redevienne homme de ménage, il cessera de prêter à rire, et peut-être, un jour, se moquera du seigneur.

L'animal bourgeois par excellence est la fourmi; sèche, discrète, prudente, active ménagère, qui se remue, trotte, range, amasse, et cherche encore sans autre but qu'amasser, sans autre plaisir qu'agir; d'un esprit net, ferme et pratique, qui raisonne avec autant de précision qu'il calcule, railleur comme un homme d'affaires, incisif comme un avocat.

Mais elle préfère encore les profits aux épigrammes.

Adieu! je perds mon temps; laissez-moi travailler.

Ni mon grenier ni mon armoire
Ne se remplit à babiller.

Peu prêteuse du reste, et dure comme une marchande.

Les mouches de cour sont chassées,
Les mouchards sont pendus; et vous mourrez de faim,
De froid, de langueur, de misère,
Quand Phébus régnera sur un autre hémisphère. (IV, 3.)

Celui qui n'a pas épargné sa peine ne plaint pas celle des autres. Il n'a pour les misérables qu'une indifférence froide, et pour les dépensiers qu'un mépris moqueur.

Vous chantiez, j'en suis fort aise:
Eh bien! dansez maintenant. (I, 1.)

Ce désir du gain et cet esprit d'économie est dans tous les métiers, à tous les étages. Juges, médecins, maîtres d'école, commis, avocats, charlatans, sous tous les habits il se cache ou se découvre. Le noble a fait fortune en se donnant la peine de naître. Sa qualité lui épargne trente ans de travail, d'assujettissement et d'ennui; il peut avoir l'âme généreuse et large. Mais l'homme du tiers, qui n'a rien, qui n'est rien, et ne parvient qu'à force de labeur, reçoit en naissant un joug qui courbe sa pensée vers les soucis d'argent et de place, qui devient une partie de lui-même, et qu'il garde par habitude, lors même qu'il a gagné le droit de s'en délivrer.

Pour bien connaître le juge, il faut voir d'abord le tribunal, l'enquête, les témoins, la chicane.

Quelques rayons de miel sans maître se trouvèrent:
Des frelons les réclamèrent.

Des abeilles s'opposant,
Devant certaine guêpe on traduisit la cause.
Il était malaisé de décider la chose.
Les témoins déposaient qu'autour de ces rayons,
Des animaux ailés, bourdonnants, un peu longs,
De couleur fort tannée, et tels que les abeilles,
Avaient long-temps paru. Mais quoi! dans les frelons
Ces enseignes étaient pareilles.
La guêpe, ne sachant que dire à ses raisons,
Fit enquête nouvelle, et, pour plus de lumière,
Entendit une fourmilière. (I, 21.)

Ceci a l'air d'être transcrit d'un journal du palais. Mais nous n'avons encore « que les contredits, les interlocutoires, le fatras et le grimoire » de la procédure, et tout l'attirail de la pratique. Un peu plus loin vient l'avocat qui a pris ses grades, et tient boutique de démonstration, injures, amplifications, exclamations et mouvements d'indignation.

Un loup, quelque peu clerc, prouva par sa harangue
Qu'il fallait dévouer ce maudit animal,
Ce pelé, ce galeux, d'où venait tout le mal.
Manger l'herbe d'autrui! quel crime abominable!
Rien que la mort n'était capable
D'expier son forfait.... (VII, 1.)

Ainsi précédé et annoncé, le juge s'avance avec une majesté solennelle, et voici l'abrégé d'un jugement :

Perrin, fort gravement ouvre l'huître et la gruge,
Nos deux messieurs le regardant.
Ce repas fait, il dit, d'un ton de président :
Tenez, la cour vous donne à chacun une écaille,
Sans dépens, et qu'en paix chacun chez soi s'en aille. (IX, 9.)

Le médecin va au même but que le juge, mais par

d'autres voies. Il ne s'agit jamais « que de happer le malade ». Un métier, selon le mot de Molière, est un moyen de traire les hommes. Le loup s'en vient donc

A pas comptés,
Se dit écolier d'Hippocrate;
Qu'il connaît les vertus et les propriétés
De tous les simples de ces prés;
Qu'il sait guérir, sans qu'il se flatte,
Toutes sortes de maux. Si don coursier voulait
Ne point celer sa maladie,
Lui, loup, gratis le guérirait.
Car le voir dans cette prairie
Paître ainsi sans être lié
Témoignait quelque mal, selon la médecine.

Voilà comment on se fait une clientelle. Mais aussitôt que don coursier se dit malade, il tombe en puissance de médecin, et l'Hippocrate improvisé l'endoctrine en l'appelant « mon fils ». Ce ton paternel et magistral n'empêche pas la servilité des manières ni l'emphase du programme. Le loup tire de sa poche son prospectus, et l'offre humblement.

J'ai l'honneur de servir nosseigneurs les chevaux,
Et fais aussi la chirurgie. (v, 8.)

C'est que si le médecin a le droit de dire « mon malade », le malade a le droit de dire « mon médecin ». Chacun des deux appartient à l'autre; du chaland et du marchand, on ne sait qui est le maître, et qui le serviteur. De là un ton ambigu, un patelinage mêlé de commandement, un air d'autorité et d'humilité tout ensemble. N'est-ce pas là la misère des conditions moyennes?

Les extrêmes s'y assemblent et s'y heurtent; les couleurs s'y effacent l'une l'autre, et l'on n'a qu'un tableau ennuyeux et choquant.

Il est plus triste encore d'observer ce que devient la science tournée en métier. L'esprit se change en une mécanique de bavardage, qui à tout propos, hors de propos, part et ne s'arrête plus. Lorsque nous naissons, les forces de notre âme sont en équilibre. Qu'un métier soit un emploi utile de ces forces, un remède contre l'ennui, à la bonne heure. Mais, ainsi qu'une maladie, il rompt ce balancement exact; en développant un organe spirituel, il fait périr les autres. Le rôle accepté détruit l'homme naturel. C'est un acteur qui partout est acteur, et qui, une fois hors de son théâtre, est un sot.

Le pédant, de sa grâce,
Accrut le mal en amenant
Cette jeunesse mal instruite :
Le tout, à ce qu'il dit, pour faire un châtiment
Qui pût servir d'exemple, et dont toute sa suite
Se souvînt à jamais comme d'une leçon.
Là-dessus il cita Virgile et Cicéron,
Avec force traits de science.
Son discours dura tant, que la maudite engeance
Eut le temps de gâter en cent lieux le jardin. (IX, 5.)

Son défaut propre est de se perdre en maximes générales. Le pauvre homme n'est plus un homme, mais un livre, et quel livre! un in-folio de morale.

Ah! le petit babouin!
Voyez, dit-il, où l'a mis sa sottise!
Et puis, prenez de tels fripons le soin.

Que les parents sont malheureux qu'il faille
Toujours veiller à semblable canaille!
Qu'ils ont de maux et que je plains leur sort!
Ayant tout dit, il mit l'enfant à bord. (I, 18.)

Il commente, et s'il était dans l'eau lui-même, il commenterait encore. Avis aux commentateurs de La Fontaine! et plaise à Dieu qu'ils puissent en profiter! Il nous faut une grâce d'état spéciale, et nous courons risque d'être un des personnages de notre auteur.

Dans cette triste et comique galerie, personne ne manque. La Fontaine transforme ses originaux pour le compléter. Voici par exemple dans Pilpay le discours des canards à la tortue :

« Ce n'est pas sans peine que nous nous éloignons de vous; mais nous y sommes obligés. Quant à ce que vous nous proposez, de vous emmener, nous avons une trop longue traite à faire; et vous ne pourriez nous suivre, parce que vous ne savez pas voler. Néanmoins, si vous nous promettez de ne dire mot en chemin, nous vous porterons; mais nous rencontrerons des gens qui vous parleront, vous voudrez leur répondre, et ce sera votre perte. »

Dans La Fontaine, ils n'hésitent pas. Ce sont des commis qui montrent leur article. Il fallait bien faire le portrait du marchand.

Voyez-vous ce large chemin?
Nous vous voiturerons par l'air en Amérique.
Vous verrez mainte république,
Maint royaume, maint peuple; et vous profiterez
Des différentes mœurs que vous remarquerez.

Ulysse en fit autant.
*Marché fait*, les oiseaux forgent une machine.

A présent, nous savons la cause de cette amplification éloquente. Les canards indiens sont des amis obligeants; les canards français ne sont que des entrepreneurs de transports.

Un peu plus loin viennent les fournisseurs « pressés d'argent, qui vendent la peau de l'ours sans l'avoir mis par terre. »

C'était le roi des ours. Au compte de ces gens,
Le marchand de sa peau devait faire fortune.
Elle garantissait des froids les plus cuisants,
On en pourrait fourrer deux robes plutôt qu'une. (v, 20.)

Peut-être, dans Rabelais, la faconde intarissable de Dindenant qui étourdit le chaland, ne le laisse plus respirer, le couvre, l'ensevelit, le noie sous un flux de paroles, est-elle une méthode commerciale plus heureuse. Le client rendu muet, assourdi, hébété, est à demi vaincu. Mais dans cette inondation d'éloquence affadissante La Fontaine était forcé de choisir.

Dindenant est le marchand conquérant, qui demande insolemment à son client s'il n'a pas nom Robin Mouton, et s'il n'est pas le joyeux du roi. Quand Panurge hasarde une timide objection : « Tes fortes fièvres quartaines, lourdaud sot que tu es. Par le digne vœu de Charrous, le moindre de ces moutons vaut quatre fois mieux que le meilleur de ceux que jadis les Coraziens, en Lusitanie, vendaient un talent d'or. Et que penses-tu, ô sot à la grand paie, que valait un talent d'or ? — Benoist monsieur, dit Panurge, ne vous échauffez en votre harnais. Bien tenez, voyez là votre argent. » Le singe a des manières plus insinuantes et plus flatteuses. Il est très humble serviteur du public et danserait volontiers pour l'honneur.

Votre serviteur Gille,
Cousin et gendre de Bertrand,
Singe du pape en son vivant,
Tout fraîchement en cette ville
Arrive en trois bateaux exprès pour vous parler.
Car il parle, on l'entend, il sait danser, baller,
Faire des tours de toute sorte,
Passer en des cerceaux, et le tout pour six blancs,
Non, messieurs, pour un sou. Si vous n'êtes contents,
Nous rendrons à chacun son argent à la porte.

VI. Mais insensiblement nous sommes descendus d'un degré. Le marchand n'est plus ici qu'un opérateur, et la bourgeoisie devient peuple. La Fontaine s'est amusé à peindre le langage des villageois. Si la poésie rustique coule dans Homère comme un vin pur et généreux, chez nous on croirait goûter un filet de vinaigre. On entend les voix aigres des péronnelles sous ces métaphores expressives et proverbiales.

Quand trois filles passant, l'une dit : C'est grand honte
Qu'il faille voir ainsi clocher ce jeune fils,
Tandis que ce nigaud, comme un évêque assis,
Fait le veau sur son âne, et pense être bien sage.

Ces quolibets manquent d'urbanité. Les paysans du bon pays de France sont gausseurs par nature, mais leurs plaisanteries ressemblent aux taloches qu'ils s'assènent quelquefois par plaisir dans leurs fêtes et qui pourraient assommer un bœuf. Le meunier répond comme Sancho, en homme qui sait les proverbes. Il y a toute une littérature de village, composée de dictons, de bons mots, de petites phrases originales et précises, que la tradition conserve comme elle transmettait au temps d'Homère les magnifiques surnoms des dieux. Le quidam la sait aussi bien que le meunier.

Qui de l'âne ou du maître est fait pour se lasser?
Je conseille à ces gens de le faire enchâsser.
Ils usent leurs souliers et conservent leur âne.
Nicolas au rebours, car quand il va voir Jeanne,
Il monte sur sa bête et la chanson le dit.
Beau trio de baudets!

Apres, grivoises, ces plaisanteries ont le goût rude et piquant du crû, et sentent l'économie campagnarde :

Ils usent leurs souliers! (III, 1)

Quiconque a vu ces paysans marcher nu-pieds, leur chaussure à la main, pour la faire durer et s'en faire honneur à la ville, comprendra le sel rustique de ce bon mot. Cela touche au vif l'homme qui pour rendre son âne « plus frais et de meilleur débit » l'a lié par les pieds et le porte comme un lustre. A la fin il regimbe contre les conseils et devient têtu comme son baudet.

L'artisan est plus gai. Il n'amasse pas comme le paysan. Il n'a pas besoin de prévoir de loin, de craindre la saison, de calculer la récolte. Il vit sur le public et laisse le gain venir, insouciant, bavard, hardi du reste, et jugeant son curé d'un air assez leste, dans des matières où l'autre s'empêtrerait respectueusement, et s'agenouillerait, son chapeau à la main.

Or çà, sire Grégoire,
Que gagnez-vous par an? — Par an? ma foi, Monsieur,
Dit avec un ton de rieur
Le gaillard savetier, ce n'est point ma manière
De compter de la sorte, et je n'entasse guère
Un jour sur l'autre; il suffit qu'à la fin
J'attrape le bout de l'année.
Chaque jour amène son pain...
Le mal est que dans l'an s'entremêlent des jours
Qu'il faut chômer. On nous ruine en fêtes,
L'une fait tort à l'autre, et monsieur le curé
De quelque nouveau saint charge toujours son prône.
(VIII, 2.)

La Fontaine aussi est un rieur. N'a-t-il pas appelé sa fable une comédie? Mais au fond de toute gaîté il y a de la mélancolie. Ce qui est ridicule est laid, et, après l'avoir raillé, on finit par le plaindre. Quelqu'un a-t-il parlé des hommes avec plus de compassion et de la vie avec plus de tristesse que « le prince des moqueurs », Voltaire? Candide est une plainte douloureuse aussi bien qu'une ironie amère; et quand il gambade, comme il le dit à madame du Deffant, c'est sur un tombeau. Nous oublions la grossièreté, la ladrerie, la stupidité de ce pauvre peuple. Nous le voyons porter toutes les misères et toutes les grandeurs du règne, et, les bras raidis de fatigue, le front contracté de douleur, se traîner vers son unique repos, la mort. La Fontaine ne songe à réhabiliter personne; mais quand vient l'occasion, il trouve ces traits pénétrants et cette pitié contagieuse qui prouvent qu'un homme d'esprit est aussi un homme de cœur.

Un pauvre bûcheron, tout couvert de ramée,
Sous le faix du fagot aussi bien que des ans

Gémissant et courbé marchait à pas pesants,
Et tâchait de gagner sa chaumière enfumée.
Enfin, n'en pouvant plus d'effort et de douleur,
Il met bas son fagot; il songe à son malheur.
Quel plaisir a-t-il eu depuis qu'il est au monde?
En est-il un plus pauvre en la machine ronde?
Point de pain quelquefois, et jamais de repos.
Sa femme, ses enfants, les soldats, les impôts,
Les créanciers et la corvée...
Il appelle la mort... (I, 16.)

Au bout de cette charmante galerie rassemblée par La Fontaine se trouve un sombre tableau de Holbein.

VII. Deux hommes au même siècle essayèrent de peindre leurs contemporains : l'un, moraliste, Labruyère; l'autre, historien, Saint-Simon. Un moraliste fait une science, un historien copie la nature; nous avons vu que la poésie participe et diffère à la fois de la science et de la nature, et qu'elle prend et ôte quelque chose à toutes les deux. Ainsi, en opposant entre eux les trois genres de portraits, nous trouverons une des règles générales de l'art. Nous ne cherchons pas autre chose et nous n'observons les détails que pour y démêler des lois.

Le livre de Labruyère est plutôt une satire des vices qu'une peinture des caractères. Chaque travers est mis à part, séparé du cortége de bonnes et mauvaises qualités qui dans la vie ordinaire l'environnent; expliqué, développé dans sa cause, dans ses effets, mais toujours seul. Tous les adoucissements, tous les tempéraments qui en fait le rendent supportable, ont disparu. Dorénavant on le reconnaîtra partout, on ne courra jamais risque de le confondre avec un autre. C'est une maladie décrite avec ses symptômes, ses progrès, ses accidents, ses commencements, son issue, classée, définie, cataloguée dans le grand livre de médecine morale; et rien de plus. Maintenant, le mal connu, il faut le guérir. La Bruyère est aussi bien un médecin qu'un anatomiste; or, pour l'être, il faut rendre à tout prix le vice odieux ou ridicule. Il ne s'agit pas de le peindre tel qu'il est, il faut lui donner la perfection du laid et de l'absurde. La Bruyère est donc contraint d'employer les expressions les plus amères, les oppositions les plus choquantes, les tours de phrase les plus saisissants; d'être tendu, presque affecté, souvent fatigant, de prodiguer l'antithèse et l'hyperbole, et ce qui est le pire des reproches, de passer pour un artisan de style. Sous ces phrases si symétriques, si énergiques, si heurtées, si calculées, on n'aperçoit plus le mouvement, la liberté, la variété ondoyante des choses. Molle et fluide, la vie s'est transformée sous la main du satirique en un cristal étincelant et dur :

« Aristarque se transporte sur la place avec un héraut et une trompette. Celui-ci commence; toute la foule, toute la multitude accourt et se rassemble. Ecoutez, peuple, dit le héraut, soyez attentifs, silence! silence! Aristarque, que vous voyez présent, va faire une bonne action. » (*Des Grands.*)

Demandons à La Bruyère de se juger lui-même : « Je dirai plus simplement et sans figure : Quelqu'un fait bien, veut-il faire mieux? Que je ne sache pas qu'il fait bien, ou que je ne le soupçonne pas de me l'avoir appris. »

Il voit si bien le genre que lui impose son métier de moraliste, qu'il se fait son propre interprète, et joint à l'hyperbole, ordonnée par la satire, l'expression simple qui la traduira.

Saint-Simon raconte l'histoire, et son œuvre, si animée qu'elle soit, est une copie. C'est pourquoi il marque les petites nuances, corrige à chaque instant un trait par un autre, accumule touche sur touche, et peint avec ces couleurs si composées, si mélangées, si particulières, qui sont la nature, et qui font les originaux. Car chaque homme est soi-même, ses vices et ses vertus ne sont qu'à lui. Il ne marche, ni ne parle, ni ne sent comme un autre. Tout ce qu'il est, et tout ce qu'il fait, est marqué d'une empreinte incommunicable, tant son être est complexe, tant les proportions des qualités opposées y sont délicates, tant il est vrai de dire avec Leibnitz que l'individu enveloppe l'infini.

« Sévigné était un fort bon honnête homme, mais moins un homme d'esprit que d'après un esprit; qui avait eu des aventures bizarres, peu, mais bien servi, et qui, du naturel charmant et abondant de sa mère, et du précieux guindé et pointu de sa sœur, avait fait quelque chose d'assez gauche. » (Ch. 344.)

Fuir les termes généraux et nobles que conseille Buffon, et qui ne conviennent qu'à l'éloquence réfléchie; décrire avec les expressions les moins calculées, les plus originales, les plus familières; saisir au vol ces témérités de langage qui correspondent seules aux témérités de la nature; pousser en avant et hardiment avec ces élans brusques, inégaux, passionnés, bizarres, qui sont le mouvement même de l'âme; tout improviser et tout hasarder : tel est le style du portrait de la duchesse de Bourgogne. » (Ch. 321.)

« En public, mesurée, sérieuse, respectueuse avec le roi, et en timide bienséance avec Mme de Maintenon, qu'elle n'appelait jamais que *ma tante*, pour confondre joliment le rang et l'amitié. En particulier, causante, sautante, voltigeante autour d'eux, tantôt perchée sur le bras du fauteuil de l'un ou de l'autre, tantôt se jouant sur leurs genoux; elle leur sautait au cou, les embrassait, les baisait, les caressait, les chiffonnait, leur tirait le dessous du menton, les tourmentait, fouillait leurs tables, leurs papiers, leurs lettres, les décachetait, les lisait quelquefois malgré eux, selon qu'elle les voyait en humeur d'en rire, et parlant quelquefois dessus. »

Comme la duchesse de Bourgogne, ce style prend ses mots dans tous les tiroirs, manque à l'étiquette, aux règles, aux convenances. Mais vif, audacieux, rapide, bondissant, il est, comme elle, naturel et vrai.

Description de qualités isolées et abstraites qui conviennent à tout le monde, voilà le livre de La Bruyère. Portraits détaillés et complexes qui ne conviennent qu'à un original unique, c'est l'ouvrage de Saint-Simon. Entre ces deux extrêmes sont les figures de La Fontaine. Il faut au poëte des caractères plus complexes, des portraits plus circonstanciés, des passions plus enchevêtrées qu'au moraliste; il imite la nature, et l'autre ne songe qu'à la corriger. Il lui faut des âmes moins dispersées en sentiments contraires, des traits mieux ramenés à l'unité, des passions plus dominantes qu'à l'historien; il embellit la nature, et l'autre ne cherche qu'à la copier. Ainsi les caractères de La Fontaine sont plus détaillés et plus vivants que ceux de La Bruyère, plus universels et plus réguliers que ceux de Saint-Simon. Il peint des originaux, mais dans la multitude des traits réels il choisit ceux qui conviennent le mieux à la passion maîtresse ou à la condition sociale. Il les ordonne d'après un vice ou une vertu principale; mais il y ajoute des traits accessoires, qui y mettent la vie, sans en ôter l'unité. L'ours, le chien de qualité, le chêne, le héron, la mouche, sont tous divers, mais leur fond est l'esprit aristocratique. La couleur dominante n'efface pas les nuances, et les nuances ne brouillent pas la couleur dominante. Le poëte ôte à l'historien et ajoute au moraliste. Il est l'un et l'autre, parce qu'il est entre les deux.

## § 2. — DES ANIMAUX.

La Fontaine, qui dînait chez madame Harvey, s'attarda un jour, et n'arriva qu'à la nuit. Il s'était amusé à suivre l'enterrement d'une fourmi jusqu'au lieu de la sépulture, puis il avait reconduit les gens du cortége à leur tanière.

Il a donc aimé et observé les animaux, et son livre est une galerie de bêtes aussi bien que d'hommes.

C'est que la fable n'est poétique qu'à cette condition.

Le poète ne façonne pas arbitrairement les êtres, il les copie en les perfectionnant ; il fait autrement que la nature, mais d'après la nature ; son mérite est de la continuer, non de la pervertir. Si le lion n'agissait qu'en roi, s'il n'avait pas pour Louvre « un antre, vrai charnier » ; si, lorsqu'il établit son budget, il ne comptait pas par ses ongles, la fable serait froide et sans vie. Car la vie est le vrai, et un personnage ainsi faussé ne serait qu'un masque. Or, quand nous entrons chez le poète, nous venons voir une seconde nature qui doit valoir la première ; nous visitons un créateur d'âmes, et non un fabricateur de déguisements. Nous voulons que le fabuliste, après avoir vu les hommes, quitte les hommes, qu'il aille dans les bois, parmi les terriers, sur la mousse, dans les sentiers que pratiquent les bêtes, ou bien dans leurs étables, sur leurs fumiers, et toujours parmi leurs occupations accoutumées. Il y a là tout un peuple et tout un monde, une hiérarchie, des caractères, des passions, des physionomies, des discours même. Ce ne sera pas fiction que de faire parler ces personnages « plus éloquents chez eux qu'ils ne sont dans nos vers ».

La Fontaine a défendu ce pauvre monde contre Descartes, qui en faisait des machines. Ce sont petites gens, il est vrai, mais qui raisonnent aussi bien que nous-mêmes. Il se plaît à décrire les perplexités, les réflexions, les inventions des deux rats qui veulent sauver leur œuf, et s'applaudit en décrivant la voiture qu'ils imaginent :

Qu'on m'aille soutenir, après un tel récit,
    Que les bêtes n'ont pas d'esprit.

Il leur en a donné, et avec quelle complaisance décrit-il cette âme charmante, que Gassendi appelait « la fleur la plus vive et la plus pure du sang ».

> Je subtiliserais un morceau de matière,
> Quintessence d'atome, extrait de la lumière,
> Je ne sais quoi plus vif et plus mobile encor
> Que le feu.

Ajoutons que le grand agrément de la fable est d'avoir des bêtes pour personnages. Nous sommes heureux de quitter un instant nos affaires sérieuses et nos passions tristes; elles nous touchent encore de trop près quand la poésie nous les représente en des hommes. Le contrecoup de leurs émotions est si fort qu'il nous fait mal. Nous sommes moins touchés quand il s'agit des animaux, parce qu'ils nous ressemblent moins, et que leurs sentiments sont plus *enfantins*. L'esprit court légèrement sur toute la fable, sans s'y attacher jusqu'à souffrir. La pitié, la joie, la colère, toutes les passions l'effleurent, aucune ne s'enfonce en lui; il glisse sur une foule d'émotions fugitives et demi-formées, qui le conduisent doucement à un plaisir délicat et facile. — La scène elle-même est choisie pour y aider; il n'est pas d'émotion qui ne s'adoucisse au spectacle de la campagne. L'esprit y prend quelque chose de l'harmonie et de la sérénité des choses. On ne peut contempler les grandes lignes des paysages, la monotonie du mouvement des arbres, le calme des ombres et de la lumière, sans se conformer à la pensée uniforme et tranquille qui vit sourdement en tous ces objets. Il suffit à l'âme qui veille et s'agite d'apercevoir la nature qui sommeille, pour se rendormir à demi. La fable par nature est donc une pastorale ; il lui faut de vrais animaux pour personnages. Et c'est encore par là qu'elle est une comédie. Il est plaisant de voir les animaux penser et agir comme l'homme. Les respects qu'ils se rendent, les rangs qu'ils se distribuent, tournent les nôtres en ridicule. Le plus fidèle sujet se sent prêt à rire quand il entend parler de « Sa Majesté Lionne », et qu'il voit le renard dresser la liste civile de la famille auguste :

Sire, dit renard, volontiers.
Vôtre sera le tors entier.
Et madame la lionesse
Ait la vache grasse et épaisse,
S'il mangera sous la courtine,
Où elle gît en la gésine.
Et votre fils, mon damoisel,
Si aura le petit vèel.

(*Compagnie Renard,* 32, Robert.)

Comédie ou pastorale, plaisante ou touchante, la fable exige que les bêtes soient vraiment des bêtes ; elle est un chapitre de l'histoire naturelle en action.

Jupin pour chaque état mit deux tables au monde :
L'adroit, le vigilant et le fort sont assis
À la première, et les petits
Mangent leur reste à la seconde. (x, 7.)

Puisque Jupin l'a voulu, nous garderons cet ordre ; il est de droit divin.

Que le lion soit roi, rien de plus juste. Buffon est là pour donner raison à La Fontaine. « Sa colère est noble, son courage magnanime, son naturel sensible.

On lui a vu dédaigner de petits ennemis, mépriser leurs insultes, leur pardonner des libertés offensantes. Il a la figure imposante, le regard assuré, la démarche fière, la voix terrible. » (Ed. Richard, XII, 6.) On a de nos jours contesté cette bonté du lion, et on a prouvé qu'il est aussi peu généreux que le tigre. Ce n'est pas là une raison pour lui ôter son titre. N'a-t-il pas la qualité indispensable, le don unique et royal entre tous? Il sait froncer le sourcil. D'ailleurs, il a le front vaste du monarque qui porte tout l'état dans sa tête, et sa crinière l'élargit encore. Il n'a pas l'air inquiet et hagard du tigre; il se tient volontiers immobile; quand il est couché surtout, ses yeux sont étincelants et fixes, comme ceux d'un souverain qui prononce une sentence. On lui ferait tort de lui ôter sa royauté.

Nul animal n'est plus propre que le renard au rôle de courtisan. Il n'a pas la physionomie béate et perfide du chat. Son long museau affilé et fendu, ses yeux brillants et intelligents, indiquent tout d'abord un fripon, mais un fripon de qualité et de mérite. Il est agile et infatigable, et l'on devine en voyant ses membres alertes et dispos qu'il n'attendra pas chez lui la fortune. Sa fourrure est riche, et sa queue magnifique. Ce sont là de beaux habits qui lui siéront bien dans une antichambre. Il est brave, mord le fusil du chasseur, et se laisse tuer sans crier; mais il n'a pas la vanité du courage, préfère la ruse à la violence, et fuit de loin le danger : un courtisan a besoin d'être à la fois intrépide et souple. Il a élevé le vol à la dignité du génie; et ses ruses sont si heureuses qu'elles arrachent un sourire de complaisance au grave Buffon. Tant d'esprit et de courage, une si bonne tournure, et une physionomie si expressive, ce génie inventif et ces inclinations de gourmet le destinaient à vivre aux dépens d'autrui, à se cantonner dans le pays des riches aubaines, la cour, et à venir puiser le plus près possible à la source des grâces. Il devient visir.

Le chat est l'hypocrite de religion, comme le renard est l'hypocrite de cour. Il est « velouté, marqueté, longue queue, une humble contenance, un modeste regard, et pourtant l'œil luisant ». (VI, 5.)

Tout le monde reconnaît le maintien dévot de la prudente bête. Elle marche pieusement, posant avec précaution le pied, sans faire bruit, les yeux demi-fermés, observant tout, sans avoir l'air de rien regarder. On dirait Tartufe portant des reliques. Si vous vous asseyez, elle vient tourner autour de vous, d'un mouvement souple et mesuré, avec un petit grondement flatteur, sans rien demander ouvertement comme le chien, mais d'un air à la fois patelin et réservé. Sitôt qu'elle tient le morceau, elle s'en va, elle n'a plus besoin de vous. Mais jamais « ce doucet » n'a l'air meilleure personne que lorsqu'il a gagné de l'âge et de l'embonpoint. Il se tient alors pendant tout le jour au soleil, ou près du feu, enveloppé dans sa majesté fourrée, sans s'émouvoir de rien, grave, et de temps en temps passant la patte sur sa moustache avec la mine sérieuse d'un penseur. Vous le prendriez pour un docteur allemand, le plus inoffensif et le plus bienveillant des hommes, si quelquefois ses lèvres, qui se relèvent, ne laissaient voir deux rangées blanches de dents aiguës comme une scie, et le menton fuyant du plus déterminé menteur. Aussi, quoi qu'il fasse, il est toujours composé, maître de soi. Il n'avance la patte qu'avec réflexion; il ne la pose qu'en essayant le chemin; il ne hasarde jamais « sa sage et discrète personne ». Il est propret, dédaigneux, méticuleux, et dans tous ses mouvements adroit au miracle. Pour s'en faire une idée, il faut l'avoir vu se promener d'un air aisé, sans rien remuer, sur une table encombrée de couteaux, de verres, de bouteilles, ou écouter ces vers de La Fontaine :

> Raton avec sa patte
> D'une manière délicate
> Écarte un peu la cendre, et retire les doigts,
> Puis les reporte à plusieurs fois,
> Tire un marron, puis deux, et puis trois en escroque.
>
> (IX, 17.)

Il est rare que Bertrand les croque, et Raton d'ordinaire n'est pas une dupe, mais un fripon.

L'ours est le seigneur rustre, et l'on n'a qu'à le voir se tourner pour s'en convaincre. Il est bien fourré, sans doute, et en riche homme, largement et chaudement habillé. Il est muni de dents magnifiques, et étouffe parfaitement son ennemi entre ses bras. Mais il pose si lourdement ses larges pieds sur le sol, il se meut si fort en bloc, il s'étaie si solidement sur ses quatre jambes charnues et massives, qu'il est encore plus paysan que gentilhomme. Au moyen âge, on l'appelait Patous. Il va vers son ennemi d'une course droite et raide, comme une machine lancée qui ne s'arrête plus. Ce mouvement géométrique et violent convient au raisonneur qui casse la tête de son ami pour écraser la mouche. Il est gourmet pourtant comme doit l'être une bête de haut parage. Il va quêtant et flairant avec son gros museau noir, parmi les tas de feuilles, grattant la terre pour déterrer les racines savoureuses. Il choisit le miel et les fruits aussi habilement que l'homme; il fait le dégoûté, jusque chez le lion, et bouche sa narine. Retiré dans sa tanière, il vit seul pendant des semaines entières, sans faire un pas, ni dire un mot. Sa mine farouche et son poil terne lui donnent l'air d'un misanthrope; il est digne de tout point de représenter le hobereau morose qui s'ennuie et vit chez soi.

La Fontaine a discerné l'âme et le caractère jusque dans les arbres; il a vu comme Virgile le port majestueux du chêne, et le peint en vers grandioses.

Cependant que mon front au Caucase pareil
Brave l'effort de la tempête.

Il lui a donné l'orgueil qui convient à la masse de son tronc, à l'ampleur de son feuillage, au calme et à la force uniforme de sa longue végétation. Mais il a eu pitié de sa chute. Un arbre aussi bien qu'un homme peut souffrir; l'histoire des grands finit là comme chez nous par une grande ruine.

L'innocente forêt lui fournit d'autres armes;
Elle en eut du regret. Il emmanche son fer.
Le misérable ne s'en sert
Qu'à dépouiller sa bienfaitrice
De ses principaux ornements.
Elle gémit à tous moments :
Son propre don fait son supplice.

Ce n'est pas ici une figure poétique, ni une tristesse d'emprunt amenée par fiction. Ici comme ailleurs l'émotion morale ne fait qu'exprimer un aspect physique, et le poète songe aux attitudes en développant des sentiments. Je ne sais rien de plus touchant que la vue des bois coupés en automne. Les grands arbres abattus, à demi cachés par les herbes, jonchent le sol ; leurs branches brisées et leurs feuilles froissées pendent vers la terre. La sève rouge saigne sur leurs blessures, ils gisent épars, et, parmi les buissons verts et humides, on aperçoit de loin en loin les troncs inertes et lourds qui montrent la large plaie de la hache. Les bois deviennent alors silencieux et mornes, une pluie fine et froide ruisselle sur les feuillages qui vont se flétrir ; enveloppés dans l'air brumeux, comme dans un linceul, ils semblent pleurer ceux qui sont morts.

II. Entre les puissants et les petits sont « les médiocres gens, » tour à tour battants et battus. A la porte de cette nouvelle galerie se tient le singe, le plus bruyant de tous. C'est le charlatan qui affiche à la foire, le hâbleur qui « caquette au plus dru », chez qui les mensonges coulent de source comme le bavardage, agité du besoin de remuer, de parler, d'inventer comme une machine détraquée qui tourne sans pouvoir s'arrêter. A peine le dauphin a-t-il fait une question qu'il lui a donné six réponses. Cette volubilité d'esprit, de mouvements, de langage, en fait un bouffon public et un farceur de basétage. Quand on lui présente la tiare il l'essaie en riant, il fait autour « des grimaceries, tours de souplesse, singeries, passe dedans ainsi qu'en un cerceau ». (VI. 7.) Il n'est fait ni pour s'asseoir, ni pour marcher, mais pour sauter et grimper. G. Saint-Hilaire disait que sa structure anatomique l'avait lancé sur les arbres. Ses longues jambes flexibles se détendent d'elles-mêmes comme un ressort, et, quelque part qu'elles le jettent, avec ses quatre mains et sa queue, il a toujours de quoi s'accrocher et se balancer, et garder libres deux ou trois membres pour s'agiter en contorsions bizarres. Quand par hasard tout est occupé, il a ses mâchoires et ses joues qu'il fait grincer, et ses vilains yeux spirituels qu'il tourne en un instant de cent côtés. S'il friponne les gens, et leur débite des contes, c'est par naturel, pour son plaisir, par besoin d'imagination, plutôt qu'avec cacul et pour son profit.

Triste oiseau, le hibou est, dans La Fontaine, un personnage réfléchi, et ce philosophe construit fort bien les syllogismes quand il s'agit d'une provision de souris.

> Voyez que d'arguments il fit!
> Quand ce peuple est pris, il s'enfuit.
> Donc il faut le croquer aussitôt qu'on le happe.
> Tout! Il est impossible. Et puis, pour le besoin
> N'en dois-je pas garder? Donc il faut avoir soin
> De le nourrir sans qu'il échappe.
> Mais comment? Otons-lui les pieds. Or trouvez-moi
> Chose par les humains à sa fin mieux conduite.
> Quel autre art de penser Aristote et sa suite
> Enseignent-ils par votre foi? (XI, 9.)

C'est qu'il a le front large et méditatif, et la bonne grosse tête d'un homme de cabinet. Mais son plumage terne, son bec crochu, son regard morne, en font un personnage grognon et frondeur. Il n'est pas assez respectueux avec les puissances. Voyez de quel air refrogné il parle à l'aigle :

Comme vous êtes roi, vous ne considérez
Qui ni quoi. Rois et dieux mettent, quoi qu'on leur die,
Tout en même catégorie.

Il est orgueilleux comme tout être qui vit seul et concentré en lui-même.

Mes petits sont mignons,
Beaux, bien faits et jolis sur tous leurs compagnons.
(v, 18.)

« Rechigné, un air triste, une voix de mégère », il a le défaut qui accompagne ou amène la réflexion et la misanthropie, je veux dire la laideur. La Fontaine accommode le moral avec le physique. C'est que l'âme se modèle sur le corps qui l'exprime et qui la façonne ; le poète devine l'une par l'autre, et les met d'accord.

Voici, par exemple, une peinture de l'extérieur. Il s'agit du coq que décrit le souriceau :

Turbulent, et plein d'inquiétude,
Il a la voix perçante et rude ;
Sur la tête un morceau de chair ;
Une sorte de bras dont il s'élève en l'air,
Comme pour prendre sa volée ;
La queue en panache étalée.
Il se battait, dit-il, les flancs avec ses bras,
Faisant tel bruit et tel fracas,
Que moi, qui, grâce aux dieux, de courage me pique,
En ai pris la fuite de peur. (vii, 5.)

Le coq a le regard dur et sans expression. S'il a la poitrine d'un guerrier, il a les pieds d'un rustre et la démarche d'un capitan. Aussi ses mœurs sont-elles jalouses et violentes ; il est « incivil, peu galant, turbulent, toujours en noise avec les autres ». Quand la perdrix est mise dans la basse-cour « malgré le sexe et l'hospitalité, » il a peu de respect « pour la dame étrangère ». Il est orgueilleux, brutal, « fort souvent en furie, et la pauvrette reçoit d'horribles coups de bec ». (x, 8.) S'il donne aux poules les grains et les vermisseaux qu'il déterre, c'est qu'il est leur maître. Il les défend par orgueil, non par générosité ; il ne s'inquiète point des petits et les laisse conduire par leur mère. Ce n'est pas un époux, mais un sultan.

La Fontaine est si pénétré des vrais caractères de ces animaux, qu'il change la morale primitive plutôt que de les altérer. Esope se tait sur le rossignol, et donne le beau rôle à l'oiseau de proie.

« Au moment de périr, le rossignol pria l'autre de ne pas le manger, disant qu'il n'était pas capable de remplir le ventre d'un épervier. Il fallait, si l'épervier avait besoin de nourriture, qu'il cherchât de plus gros oiseaux. Celui-ci répondit : Je serais fou si je lâchais le dîner que j'ai entre les pattes pour poursuivre une proie qui ne se montre pas encore. » (ID.)

Le moraliste ici n'a trouvé qu'un précepte de prévoyance. Le poète a détesté la grossière gloutonnerie et l'ignorance brutale de la bête sauvage. Il l'a vue, comme nous, les griffes enfoncées dans sa proie, arracher des lambeaux sanglants, et se gorger de chair crue jusqu'à étouffer. Mais il a eu pitié de l'oiseau délicat, musicien, poète comme lui-même. La frêle et triste créature « qui chante en gémissant Itys, toujours Itys », a la sensibilité souffrante, les longs souvenirs d'une femme offensée, et en même temps la fierté innocente et le langage élégant d'un artiste.

Je vous raconterai Térée et son envie.
— Qui, Térée? Est-ce un mets propre pour les milans?
— Non pas : c'était un roi dont les feux violents
Me firent ressentir leur ardeur criminelle.
Je m'en vais vous en dire une chanson si belle,
Qu'elle vous ravira. Mon chant plaît à chacun.
    Le milan alors lui réplique :
Vraiment, nous voici bien ; lorsque je suis à jeûn
    Tu me viens parler de musique.
— J'en parle bien aux rois. — Quand un roi te prendra,
    Tu peux lui conter ces merveilles.
    Pour un milan, il s'en rira :
    Ventre affamé n'a pas d'oreilles. (IX, 18.)

Que de portraits dans la classe moyenne ! Mais deux mots suffisent à La Fontaine. Chez lui, une épithète comique remplace et résume toute la science du naturaliste. On en sait assez sur la tortue quand on l'a vue « aller son train de sénateur ». « Porte-maison d'infante » est ventrue comme « ma commère la carpe », et aussi bonne dame qu'elle, un peu vaniteuse et « de tête légère », mais rusée parfois. Ses petits yeux brillants sous ses paupières ridées font deviner qu'elle pourra jouer au lièvre quelques bons tours. — La belette est « demoiselle ». Elle a le nez pointu, un long corsage ; c'en est assez pour lui mériter son titre, et La Fontaine ajoute encore pour plus de sûreté « l'esprit scélérat ». — Qui a mieux connu le vol de l'hirondelle et son nid ?

Progné me vient enlever les morceaux,
Caracolant, frisant l'air et les eaux...
La sœur de Philomèle, attentive à sa proie,
Malgré le bestion happait mouches dans l'air,
Pour ses petits, pour elle, impitoyable joie,
Que ses enfants gloutons, d'un bec toujours ouvert,
D'un ton demi-formé, bégayante couvée,
Demandaient par des cris encor mal entendus. (x, 7.)

Partout les caractères d'hommes sont en même temps des caractères d'animaux. Y a-t-il une meilleure ménagère que la fourmi? Sèche, maigre, vêtue de noir, la taille mince et serrée, toujours prête avec ses six pattes à courir et à saisir, économe, disciplinée, diligente, infatigable. — Les grenouilles ont presque toujours un sot rôle; mais on trouve qu'elles le méritent, quand on a vu leurs gros yeux ronds stupides, leur corps niaisement ramassé sur leurs jambes, ou ces jambes tout d'un coup écartées et pendantes, lorsqu'elles sautent éperdues dans leurs marais. — Les canards se sont conduits avec la tortue en commis-voyageurs. Aussi ont-ils le regard narquois, l'air joyeux, et la démarche goguenarde qui convient au métier. Rien de plus plaisant que de les observer un jour de pluie, plongeant leurs cols à chaque instant dans la mare, et frétillant à grand bruit avec un refrain nasillard, comme de bons compagnons qui chantent accoudés sur une table bien servie. — Cette connaissance des bêtes manque souvent aux autres fabulistes. Florian a fait de la sarcelle une tendre et ingénieuse amie. Ces délicatesses de cœur, ces gracieuses effusions de sentiment, cette piété fraternelle, ne conviennent guère à la physionomie malicieuse et à la jolie démarche du léger oiseau. Il est trop coquet pour être sentimental, et personne ne le reconnaîtrait dans ces vers :

Unis dès leurs plus jeunes ans
D'une amitié fraternelle,
Un lapin, une sarcelle,
Vivaient heureux et contents.
Le terrier du lapin était sur la lisière
D'un parc bordé d'une rivière.
Soir et matin nos bons amis,
Profitant de ce voisinage,
Tantôt au bord de l'eau, tantôt sous le feuillage,
L'un chez l'autre étaient réunis.
Là, prenant leur repas, se contant des nouvelles,
Ils n'en trouvaient pas de plus belles
Que de se répéter qu'ils s'aimeraient toujours.
Ce sujet revenait sans cesse en leurs discours.
Tout était en commun, plaisir, peine, souffrance :
Ce qui manquait à l'un, l'autre le regrettait;
Si l'un avait du mal, son ami le sentait;
Si d'un bien, au contraire, il goûtait l'espérance,
Tous deux en jouissaient d'avance. (IV, 13.)

Le lapin est un homme sensible, comme on disait alors. Ce n'est plus Jeannot Lapin, un de ces gais compère qui, le soir sur la bruyère, « l'oreille au guet, l'œil éveillé, s'égaient et parfument de thym leur banquet ». (X, 5.) C'est un élégiaque.

Hélas! s'écriait-il, m'entends-tu? Réponds-moi,
Ma sœur, ma compagne chérie;
Ne prolonge pas mon effroi.
Encor quelques moments, c'en est fait de ma vie;
J'aime mieux expirer que de trembler pour toi.

Le vrai lapin est brusque, étourdi, gourmand, très mauvais père, capable même d'étrangler ses petits, très égoïste; pourvu qu'il puisse brouter, trotter, faire tous ses tours, il se soucie peu du reste. Qu'on prenne et qu'on mange tous ses frères, il n'en perdra pas un coup de dent. Sa physionomie est assez sotte, et son air étonné; aussi pour en faire un personnage humain il faudra lui donner la mine et les actions d'un novice. Il ira jouer parmi le serpolet et la rosée, les oreilles dressées, le regard vif mais un peu niais, gambadant comme un écolier, passant la patte sur sa moustache naissante. Ce sera « le petit lapin ». Si, comme Florian, le poète veut prendre l'amitié, il cherche ailleurs ses modèles. Il choisira parmi les oiseaux « le peuple au col changeant, au cœur tendre et fidèle », la colombe compatissante qui jette un brin d'herbe à la fourmi qui se noie, qui met la paix entre les vautours ses ennemis. Il verra le pigeon voleter avec un empressement gracieux autour de sa femelle, baisser et relever tour à tour son col flexible d'un air suppliant et tendre, attacher longuement sur elle ses yeux si doux, et se soulever à demi sur ses ailes bleuâtres pour la becqueter de son bec rosé et délicat. Il écoutera dans les bois le gémissement interrompu des tourterelles, et comprendra que le seul oiseau dont il puisse faire un amant est « l'oiseau de Vénus ».

III. Nous sommes déjà depuis quelque temps parmi les misérables gens, les bêtes faibles ou sottes, que les autres pillent et mangent. Cela est si commun que nous ne l'avions pas remarqué. Entre toutes, la plus inoffensive et la plus opprimée est la brebis.

Quel ton triste et doux que celui du pauvre agneau!

Sire, répond l'agneau, que Votre Majesté
Ne se mette pas en colère,
Mais plutôt qu'elle considère
Que je me vas désaltérant
Dans le courant
Plus de vingt pas au dessous d'elle,
Et que par conséquent en aucune façon
Je ne puis troubler sa boisson.
— Tu la troubles, reprit cette bête cruelle,
Et je sais que de moi tu médis l'an passé.
— Comment l'aurais-je fait si je n'étais pas né?
Reprit l'agneau. Je tette encor ma mère. (I, 10.)

Buffon ne voit dans le mouton que sottise et peur. « C'est par crainte qu'ils se rassemblent si souvent en troupeau. Le moindre bruit extraordinaire suffit pour qu'ils se précipitent et se serrent les uns contre les autres, et cette crainte est accompagnée de la plus grande stupidité, car ils ne savent pas fuir le danger. Ils semblent même ne pas sentir l'incommodité de leur situation; ils restent où ils se trouvent, à la pluie, à la neige. Ils y demeurent opiniâtrement, et pour les obliger à changer de lieu et à prendre une route, il leur faut un chef qu'on instruit à marcher le premier, et dont ils suivent tous les mouvements pas à pas. Ce chef demeurerait lui-même avec le reste du troupeau, sans mouvement, à la même place, s'il n'était chassé par le berger, ou poussé par le chien (t. x, p. 308). » Tout cela est vrai, mais ces animaux sont affectueux et bons. Il est touchant de voir la brebis accourir au cri grêle et plaintif de son petit, le reconnaître dans cette multitude, se tenir immobile sur la terre froide et fangeuse jusqu'à ce qu'il ait tété, et, l'air résigné, regarder vaguement devant elle. La Fontaine a pris pitié de tant de tristesse et de bonté.

Par un retour bien juste et bien rare, le loup, tyran de la brebis, est aussi à plaindre qu'elle. C'est un voleur, mais misérable et malheureux. On n'a qu'à voir sa physionomie basse et inquiète, son corps efflanqué, sa démarche de brigand poursuivi, pour lui donner d'abord son rôle. La Fontaine, comme les romanciers du moyen âge, n'en a fait qu'un coquin toujours affamé et toujours battu. L'imbécile s'imagine que la mère va lui donner son enfant, et, quand il se voit trompé, il s'amuse à menacer et à se plaindre :

> Qu'est ceci ? s'écria le mangeur de moutons.
> Dire d'un, puis d'un autre. Est-ce ainsi que l'on traite
> Les gens faits comme moi ? Me prend-on pour un sot ?
> Que quelque jour ce beau marmot
> Vienne au bois cueillir la noisette...

Il attend apparemment que les chiens viennent l'étrangler.

> On assomma la pauvre bête ;
> Un manant lui coupa le pied droit et la tête. (IV, 16.)

Toutes les aventures d'Ysengrin finissent de même ; ce portrait, demi-sérieux, demi-moqueur, est plus vrai que la sombre et terrible peinture de Buffon :

« Il est l'ennemi de toute société, il ne fait pas même compagnie à ceux de son espèce. Lorsqu'on en voit plusieurs ensemble, ce n'est pas une société de paix, c'est un attroupement de guerre, qui se fait à grand bruit, avec des hurlements affreux, et dénote un projet d'attaquer quelque gros animal, comme un cerf, un bœuf, ou de se défaire de quelque redoutable mâtin. Dès que leur expédition militaire est consommée, ils se séparent, et retournent à leur silence et à leur solitude. — Enfin, désagréable en tout, la mine basse, l'aspect sauvage, la voix effrayante, l'odeur insupportable, le naturel pervers, il est odieux, nuisible de son vivant, inutile après sa mort. » (T. XI, p. 99.)

Voilà bien de la colère, et il faut croire que les moutons de Montbard étaient mal gardés. Le loup de La Fontaine est aussi un tyran sanguinaire, et lorsqu'il parle à l'agneau on entend la voix rauque et le grondement furieux de la bête enragée. C'est la même passion que dans Homère :

« Comme des loups nourris de chair crue, qui ont dans le cœur une force invincible, ils ont dépecé dans les montagnes un grand cerf aux longues cornes ; ils le dévorent, leurs joues sont rougies de sang. Ils vont en troupe à une source profonde pour laper avec leurs langues étroites la surface de l'eau noire, vomissant le sang du meurtre ; leur cœur ne tremble point dans leurs poitrines et leur ventre chargé de viande gémit. » (Ch. XVI, 15.)

Mais un caractère est multiple. Que le savant n'aperçoive dans ce loup qu'un animal nuisible ; le poète, d'un esprit plus libre, y distinguera les autres traits. Il le verra aussi malheureux que méchant, plus souvent dupe que voleur. Il comprendra que ses vices lui viennent de sa maladresse, que faute d'esprit il est toujours affamé, et que le besoin se tourne en rage. Il laissera Buffon composer une tragédie sur la cruauté, et fera une comédie sur la sottise.

Par quel singulier hasard faut-il qu'ailleurs encore le naturaliste soit moins impartial que le poëte, et que la fable soit plus complète que l'histoire? Buffon se fait l'avocat de l'âne et change en mérites tous les défauts du baudet. « Il est de son naturel aussi humble, aussi patient, aussi tranquille, que le cheval est fier, ardent, impétueux. Il souffre avec constance et peut-être avec courage les châtiments et les coups. Il est sobre et sur la quantité et sur la qualité de la nourriture; il se contente des herbes les plus dures et les plus désagréables que le cheval et les autres animaux lui laissent et dédaignent. Comme l'on ne prend pas la peine de l'étriller, il se roule souvent sur le gazon, sur les chardons, sur la bruyère, sans se soucier beaucoup de ce qu'on lui fait porter. Il se couche pour se rouler toutes les fois qu'il le peut, et semble par là reprocher à son maître le peu de soin qu'il prend de lui. » (Tom. x, 273.)

Il est fort beau d'être humain, et il est clair que, si cette page tombait entre les mains d'un ânier, elle l'attendrirait en faveur de sa bête. La Fontaine aussi rend justice à l'âne. Il dit qu'il est « bonne créature ». Il le plaint « le pauvre baudet si chargé qu'il succombe ». Mais il connaît la lourdeur et l'impertinence de l'animal. Sous les os pesants de cette tête mal formée, l'intelligence est comme durcie. Cette peau épaisse et rude, couverte de poils grossiers et entrelacés, émousse en lui le sentiment; et ces jambes avec leurs genoux saillants ne semblent faites que pour rester immobiles. Il est indocile, têtu, sourd aux cris, aux coups, aux prières. Quand le chien mourant de faim lui demande en grâce de se baisser et de lui laisser prendre son dîner dans le panier :

Point de réponse, mot. Le roussin d'Arcadie
 Craignit qu'en perdant un moment,
 Il ne perdît un coup de dent.
 Il fit long-temps la sourde oreille.
Enfin il répondit : Ami, je te conseille
D'attendre que ton maître ait fini son sommeil. (III, 4.)

On dirait même, lorsqu'il s'entête, qu'il s'applaudit de sa résistance : c'est pourquoi La Fontaine en a fait un vaniteux. Il est certain du moins que la seule volonté qu'il juge bonne est la sienne, et certes, quand il la contente, elle ne lui fait pas beaucoup d'honneur. C'est une joie rude, un mouvement désordonné, une voix rauque, sourde, et violente.

 Le grison se rue
A travers l'herbe menue,
Se vautrant, grattant, frottant,
Gambadant, chantant, broutant,
Et faisant mainte place nette. (VI, 8.)

Empêtré dans cette enveloppe brute, le sentiment ne s'en échappe que par une éruption brusque et discordante. Ajoutez à cette pesanteur naturelle la laideur qui lui vient de la servitude. « Pelé, galeux, rogneux », il subit la loi universelle qui donne aux malheureux la plus grosse part de malheurs.

Quand Buffon ne compose pas un plaidoyer, il est plus exact, et se rapproche de La Fontaine. Il fait un joli portrait de la chèvre, vive, capricieuse et vagabonde : « Elle aime à s'écarter dans les solitudes, à grimper sur les lieux escarpés, à se placer et même à dormir sur la pointe des rochers et sur le bord des précipices. L'inconstance de son naturel se marque par l'irrégularité de ses actions. Elle marche, elle s'arrête, elle court, elle bondit, elle saute, s'approche, s'éloigne, se cache ou fuit, comme par caprice et sans autre cause déterminante que la vivacité bizarre de son sentiment intérieur. Et toute la souplesse de ses organes, tout le nerf de son corps, suffit à peine à la pétulance et à la vivacité de ces mouvements qui lui sont naturels. » (Tom. x, 324.)

Cette description est vive et vraie. Mais combien les hardiesses du poète sont plus expressives ! Combien les comparaisons humaines abrègent et animent le portrait ! Les chèvres sont des dames « qui ont patte blanche », gentilles, proprettes, avec autant d'originalité que de caprice, avec autant d'entêtement que de vanité.

> Certain esprit de liberté
> Leur fait chercher fortune : elles vont en voyage
> Vers les endroits du pâturage
> Les moins fréquentés des humains.
> Là, s'il est quelque lieu sans route et sans chemins,
> Un rocher, quelque mont pendant en précipices,
> C'est où ces dames vont promener leur caprices. (xii, 4.)

Rien n'est plus amusant que de voir deux de « ces personnes » s'avancer l'une contre l'autre « pas à pas, nez à nez », avec une circonspection fière, les cornes baissées, et, raidissant le col, essayer de se renverser. Puis tout à coup un saut brusque, et chacune paît tranquillement de son côté.

Le bœuf fait contraste. Quoique puissant, il est aussi opprimé, puisqu'il est laboureur et pacifique.

> Il s'avance à pas lents.
> Quand il a ruminé tout le cas en sa tête,

il prononce sa sentence, et l'on ne pouvait choisir d'arbitre plus sérieux et plus réfléchi. Indifférent à ce qui l'entoure, il laisse errer lentement sur les objets ses grands yeux calmes. Quand on le voit dans l'herbe haute, couché sur ses genoux, et qu'on suit le mouvement régulier et incessant de ces joues qui roulent et ramènent le fourrage broyé sous ses larges dents, il semble qu'il n'y ait en lui qu'une pensée sourde et végétative, affaissée sous la chaire massive, et endormie par la monotonie machinale de son action. Il s'inquiète fort peu du cerf poursuivi qui se cache dans l'étable. Il rumine paisiblement pendant que l'autre lui rend grâces. Il reste à table, et continue à manger en avertissant son hôte qu'il va périr. (IV, 21.)

IV. Arrêtons-nous un instant au bout de cette longue galerie, et revoyons d'un coup-d'œil tous les animaux de La Fontaine. Il peint rarement et toujours en deux mots leur extérieur. C'est au caractère seul qu'il s'attache. Il est l'historien de l'âme, et non du corps. Pour représenter aux yeux cette âme, il lui donne les sentiments et les conditions de l'homme ; ce mélange de la nature humaine, loin d'effacer la nature animale, la met en relief, et le chapitre de zoologie n'est exact que parce qu'il est une comédie de mœurs. La poésie montre ici toute sa vertu. En transformant les êtres, elle en donne une idée plus exacte ; c'est parce qu'elle les dénature qu'elle les exprime ; et elle est le plus fidèle des peintres, parce qu'elle est le plus libre des inventeurs. Elle dépasse ainsi la science et l'éloquence, et j'ose dire que les portraits de La Fontaine sont plus exacts et plus complets que ceux de Buffon. Tantôt Buffon décrit minutieusement, en naturaliste, les mœurs et les organes de chaque animal. La Fontaine anime et résume tous ces détails dans une épithète plaisante. Tantôt Buffon fait des plaidoyers ou des réquisitoires, et conclut sans restriction à l'éloge ou au blâme. La Fontaine dit le bien et le mal, raille le chien qu'il juge « soigneux et fidèle », mais qu'il trouve aussi « sot et gourmand ». Il peint ses héros sans parti pris, tour à tour fripons et dupes, heureux et malheureux, avec ce mélange de laid et de beau que fait la nature, et cette alternative de peines et de plaisirs qui est la vie. Le poète est plus court et plus animé que le zoologiste, plus impartial et plus véridique que l'orateur. Il est créateur, et le premier n'est qu'un copiste. Il est peintre, et le second n'est qu'un raisonneur. Nous trouvons encore ici la poésie placée entre les deux genres, qu'elle imite, corrige et concilie en les surpassant.

Un monde entier vient d'être reçu dans le monde poétique. En dépit de la noble société humaine, qui, par la voix de ses philosophes, refusait l'âme aux bêtes, ce pauvre peuple asservi et persécuté est entré dans la cité universelle. Il faut désormais qu'on s'intéresse à eux, qu'on les plaigne, qu'on les aime. Partout où est l'âme, et où n'est-elle pas? il y a une chose qui nous touche et qui est en société avec notre âme. Si l'homme est frère des hommes, il est parent des animaux. Son esprit est fait pour ressentir les sentiments de tous les êtres, et concentrer en soi la pensée de l'univers. Au XVII^e^ siècle on ne croyait pas que l'art et le sentiment dussent ainsi s'étendre. Aujourd'hui chacun le sait et tous les poètes le prouvent. La Fontaine a devancé le changement qui a élargi les frontières de l'art en étendant les sympathies de l'homme, et on pourrait sans injure lui attribuer la page suivante, écrite d'hier :

« La Grise était jeune, belle et vigoureuse. Elle portait sans effort son double fardeau, couchant les oreilles, et rongeant son frein, comme une ardente jument qu'elle était. En passant devant le pré long, elle aperçut sa mère, qui s'appelait la vieille Grise comme elle la jeune Grise, et elle hennit en signe d'adieu. La vieille Grise s'approcha de la haie en faisant résonner ses enforges, essaya de galoper sur la marge du pré pour suivre sa fille. Puis la voyant prendre le grand trot, elle hennit à son tour, et resta pensive, inquiète, le nez en avant, la bouche pleine d'herbes qu'elle ne songeait plus à manger. » (*La Mare au Diable.*)

## § 3. — DES DIEUX.

Pour qu'un peuple entre dans la cité poétique, il faut qu'il y amène ses dieux :

> Ilium in Italiam portans, victosque penates.

Ils sont l'effet et la preuve de son unité et de sa vie. Ils le légitiment et l'affermissent ; ils lui communiquent leur stabilité et leur sainteté. Aussi La Fontaine croit-il de tout son cœur aux dieux de ses bêtes. Il en parle sans cesse et souvent sans besoin, comme Homère. Les images mythologiques naissent chez lui d'elles-mêmes. Il n'a pas besoin de les chercher ; on voit que sa pensée habite dans ce monde. Il y trouve des figures sublimes, dignes d'Homère, quand il montre « les Parques blêmes dont la main se joue également des jours du vieillard et de ceux du jeune homme ». Il ne peint pas les dieux vaguement, avec des souvenirs de classe. Il distingue les détails de leurs mouvements, et voit Atropos à son métier « reprendre à plusieurs fois l'heure fatale au monstre ». Il est chez lui dans l'Olympe. Il y prend ses comparaisons comme nous prenons les nôtres autour de nous. Il voit deux servantes au rouet, et trouve que « les sœurs filandières ne font que brouiller auprès d'elles ». Du galetas il entre de plain pied dans le ciel. Il connaît les généalogies aussi bien qu'Hésiode, et jusqu'à celles des animaux divins.

> Elles avaient la gloire
> De compter dans leur race, ainsi que dit l'histoire,

L'une certaine chèvre, au mérite sans pair,
Dont Polymène fit présent à Galathée;
Et l'autre la chèvre Amalthée
Par qui fut nourri Jupiter. (XII, 4.)

Il est si bon païen qu'il invente en mythologie. Hérodote eût pu dire de lui comme d'Hésiode et d'Homère qu'il avait créé un monde divin. Il donne aux arbres une immortalité « sur les bords du noir rivage ». Et il rend tout vraisemblable par ce ton naïf qui dégénère quelquefois en gentillesse enfantine, mais qui n'en convient que mieux à l'historien de Jupin et de la fourmi.

Je vous sacrifirai cent moutons: c'est beaucoup
Pour un habitant du Parnasse.

Ainsi La Fontaine imite les dieux d'Homère, qui sont les véritables. Mais ce n'est pas sans raison; car pour le poète, copier, c'est choisir. Il sent que partout les dieux doivent convenir à leur peuple. Ils ne sont les dieux de ce peuple que parce qu'ils sont faits à son image. Ils réfléchissent son caractère et portent l'empreinte de son esprit. Ils sont le peuple lui-même, qui s'apparaît sous une forme plus brillante et plus pure. L'Olympe grec n'est qu'une famille grecque, la plus belle que la Grèce ait jamais mise au jour. — Aussi les dieux païens, imités par le fabuliste, sont-ils les seuls qui conviennent à la fable. D'abord on n'y croit guère, non plus qu'au langage prêté aux bêtes; la fiction appelle la fiction, et on sourit en voyant Jupiter cousin de l'éléphant, comme en écoutant plaider le lapin et la belette. Jupiter choquerait dans un autre poème; on ne pourrait à la fois prendre les hommes au sérieux et les dieux en plaisanterie. Il n'y a pas de milieu entre les deux genres : il faut être grave et tout croire, ou s'égayer et douter partout.

Ajoutez que les habits et les physionomies humaines ont changé depuis Homère, tandis que les bêtes sont les mêmes. Elles peuvent donc garder les dieux d'Homère, et les hommes ne le peuvent pas. Minerve autrefois déjà descendait au milieu de l'armée des rats et des grenouilles. Nous sommes habitués à voir ensemble les dieux de la nature et les objets naturels. Les animaux qui courent dans les bois et s'ébattent dans les prairies sont les amis des nymphes qui vivaient dans les hêtres et dormaient au bruit des fontaines. Les cerfs bondissants et agiles rappellent Diane « qui aime les cris de chasse, et tend son arc d'or », et lorsqu'on voit les grands troupeaux paître tranquillement l'herbe abondante, on pense volontiers à la terre divine, nourrice des choses, qui fait tout sortir de son sein maternel. — Comparez à ces images la mythologie ridicule des auteurs graves.

Bientôt avec Grammont courent Mars et Bellone.

Rubens nous a montré ce vers en action ; et certes il n'y a rien de plus extraordinaire que de mettre parmi les dentelles, les robes, les manteaux et toute la friperie moderne, le dos et lés jambes nues d'un Mercure ou d'un Apollon. Mars et Bellone parmi les escadrons du roi sont des recrues bizarres, et on aimerait mieux voir Grammont courir tout seul. La Fontaine est le seul qui n'ait pas réduit la mythologie en mascarade, et qui ait adoré les dieux antiques sans en faire des grotesques, des machines ou des magots.

Pour que ces dieux convinssent mieux encore à leur nouveau peuple, il leur a donné quelque chose d'enfantin. Il en a fait de bons petits dieux, bien indulgents, et quelquefois bien paternes. L'aigle pond dans le giron de Jupiter, et l'irrévérencieux escarbot « sur la robe du dieu fait tomber une crotte ».

Le dieu, la secouant, jeta les œufs à bas.
Quand l'aigle sut l'inadvertance
Elle menaça Jupiter
D'abandonner sa cour, d'aller vivre au désert,
De quitter toute dépendance,
Avec mainte autre extravagance.
Le pauvre Jupiter se tut. (II, 18.)

Il est vrai qu'un jour il se souvient de sa majesté officielle, et ordonne à tout ce qui respire de s'en venir comparaître aux pieds de sa grandeur. Mais peut-on rester sublime parmi de tels sujets? Tels sujets, tels maîtres. Il faut bien qu'il devienne le dieu des grenouilles, des souris, de la belette; le vainqueur des Titans est Jupin, et rien davantage. Toute sa cour baisse aussitôt d'un degré. L'aurore « au voile de safran, aux doigts de rose », apparaît toujours sur « le thym et la rosée »; mais c'est le lapin qui lui fait la cour. La vache lo donne son lait pour un fromage, le dieu Faune le fait, et le renard invite le loup son compère à s'en régaler. « Les tout-puissants amours que nul ne peut fuir des immortels ni des hommes éphémères, qui veillent sur les joues délicates de la jeune fille, et cheminent sur les mers et dans les campagnes », se font tout d'un coup rustiques, « volent en bande, délogent ou reviennent au colombier »; et dans le Styx, par qui jurent les dieux, les grenouilles vont coasser après leur mort.

Représenter fidèlement les dieux antiques, suivre leurs poètes à la trace, apercevoir les circonstances les plus petites et les plus naturelles de leur vie et de leur action, et en même temps les approprier aux humbles sujets qu'ils gouvernent, conformer leurs manières et leur ton au monde nouveau qu'ils habitent, rapporter par une règle inflexible les détails épars et divers à un effet unique, ne trouve-t-on pas ici encore la loi poétique universelle, l'alliance de la vérité et de l'art, de la diversité et de l'unité?

---

# CHAPITRE III.

## DE L'ACTION.

Les caractères agissent : voilà pour le poète une nouvelle source de poésie. Qu'est-ce qu'une action poétique? Après avoir peint les caractères en artiste, comment fait-il de l'action une œuvre d'art? En observant les règles qui conviennent aux caractères. Le beau est partout le même, et, si divers que soient les sujets, il s'y produit toujours suivant les mêmes lois.

### § 1. — DES DÉTAILS.

La première est l'abondance des détails et la recherche des traits particuliers. Il n'y a rien de si multiple que l'âme; rien de si gradué, de si fin, de si complexe, que les sentiments. Nos mouvements intérieurs sont la plupart du temps presque insensibles ; notre vie ne se compose que de petites actions; nous ne cheminons que pas à pas; nous ne faisons rien tout d'un coup. Nous n'arrivons qu'après un progrès, et encore par des détours, sans cesse flottant entre deux sentiments, comme ces corps légers qui descendent lentement une rivière, et sont encore ballottés çà et là par les moindres flots. Ainsi, la poésie, qui suit les démarches de l'âme, doit se composer de petits mouvements et à chaque instant changer d'allure. Que le moraliste aille en droite ligne vers la conclusion, et abrége le récit pour s'arrêter dans la maxime; le poète suivra avec complaisance la ligne onduleuse de la passion et développera le récit en s'attardant autour des détails vrais.

Aussi La Fontaine voit toutes les pensées de ses personnages, les plus légers changements de leurs physionomies, leur vie, leur généalogie, leur patrie. Il sait que l'un est Normand, l'autre Manceau. Il dira le nom de l'endroit et ce qu'il en pense.

C'était à la campagne,
Près d'un certain canton de la Basse Bretagne,
Appelé Quimper-Corentin;
On sait assez que le Destin
Adresse là les gens quand il veut qu'on enrage.
Dieu nous préserve du voyage (VI, 18.)

Il regarde ses animaux marcher et s'occupe de ce qu'ils ont en tête, « même quand ils vont par pays, gravement, sans songer à rien » (VIII, 17). Il s'inquiète de leur dîner, veut savoir s'il est de leur goût. Voilà son âne dans un bon pré : « point de chardons » ! Comment faire? Il faut donc qu'il s'en passe? Eh bien, oui, il sera philosophe, et ne mangera cette fois que du sainfoin. La Fontaine est rassuré et continue. Il s'embarrasse du logement de ses personnages, et quand il veut défaire le berger de son dogue, « il offre au chien une niche chez le seigneur du village » (VIII, 18). Il est le plus fidèle observateur de l'étiquette. Messire loup, compère le renard, monseigneur du lion, madame la belette, sultan léopard, chacun a son titre. En historiographe exact, il les annonce tous avec leurs noms, prénoms, surnoms, qualités et dignités. Il les conduit jusqu'à la sépulture, marque le lieu, écrit l'épitaphe avec le style et l'orthographe du pays.

Un manant lui coupa le pied droit et la tête,
Le seigneur du village à sa porte les mit,
Et le dicton picard alentour fut écrit :
  Biaux chires leups, n'écoutez mie
  Mère tenchent chen fieux qui crie. (IV, 16.)

La méthode s'applique aux parties comme à l'ensemble du poëme. Nous allons la suivre dans les récits, les descriptions et les discours. Elle porte sa vertu jusque dans les moindres organes, et il n'est aucun trait dans la fable inerte d'Ésope qu'elle ne sache transformer et animer.

I. « Un homme dont la femme était détestée de tous les gens de la maison voulut savoir si elle l'était aussi des esclaves de son père. C'est pourquoi, sous un prétexte plausible, il la renvoya à la maison paternelle. Quand elle revint quelques jours après, il lui demanda comment elle était avec ceux de l'endroit. Celle-ci répondit que les bouviers et les pâtres la voyaient d'un mauvais œil. O femme, dit-il, si tu es odieuse à ceux qui partent le matin avec leurs troupeaux et rentrent le soir, que devra-t-on attendre de ceux avec qui tu passes toute la journée? » (Fable 246.)

Voilà l'histoire abrégée et toute sèche. Ésope dit les faits, mais non les causes. Pourquoi la femme est-elle haïe? De quel ton parle-t-elle aux gens? Par quel talent rend-elle la maison inhabitable? Il faut raconter tout cela, pour nous montrer la vie; sinon on reste froid et ennuyé. La Fontaine va nous rendre compte d'une de ces journées, nous faire souffrir tous les déplaisirs du mari, nous mettre de son parti. Nous assistons à une scène conjugale :

Rien ne la contentait, rien n'était comme il faut :
On se levait trop tard, on se couchait trop tôt;
Puis du blanc, puis du noir, puis encore autre chose.
Les valets enrageaient, l'époux était à bout.
Monsieur ne songe à rien, Monsieur dépense tout,
Monsieur court, monsieur se repose.
Elle en dit tant, que monsieur à la fin,
Lassé d'entendre un tel lutin,
Vous la renvoie à la campagne
Chez ses parents.... (VII, 2.)

Ésope rencontre parfois le trait original :

« Un rat de terre, par un mauvais destin, devint l'ami d'une grenouille. La grenouille, qui avait de mauvais desseins, lia la patte du rat à la sienne. Ils allèrent d'abord par le pays pour dîner; puis, s'étant approchés du bord du marais, la grenouille entraîna le rat au fond, faisant clapoter l'eau, et coassant brecekex, coax, coax. » (307).

Ce détail amusant et vrai est une escapade pour le triste compilateur des vieilles fables grecques. Il retourne bien vite à ses abréviations et à sa monotonie :

« Le malheureux rat, étouffé par l'eau, était mort, et surnageait attaché à la patte de la grenouille. Un milan l'ayant vu l'emporta dans ses serres, la grenouille enchaînée le suivit, et fit aussi le dîner du milan. »

Je ne prends dans La Fontaine que les discours et les sentiments de la grenouille.

Une grenouille approche et lui dit en sa langue :
Venez me voir chez moi, je vous ferai festin.
Messire rat promit soudain ;
Il n'était pas besoin de plus longue harangue.

Pourtant il faut encore allécher la dupe, et le traître est naturellement menteur et orateur. Quelques traits nouveaux vont achever la séduction et compléter le caractère.

Elle allégua pourtant les délices du bain,
La curiosité, le plaisir du voyage,
Cent raretés à voir le long du marécage.
Un jour il conterait à ses petits enfants
Les beautés de ces lieux, les mœurs des habitants,
Et le gouvernement de la chose publique
Aquatique.

C'est tout un programme, et la grenouille se fait charlatan. Sous quel prétexte persuadera-t-elle au rat de se laisser lier les pieds ? Cela n'est pas dans Ésope, et son histoire est invraisemblable.

Un point sans plus tenait le galant empêché :
Il nageait quelque peu, mais il fallait de l'aide.

La grenouille à cela trouve un très bon remède :
Le rat fut à son pied par la patte attaché.

La Fontaine montre d'où vient le lien, et cette petite circonstance ramène notre pensée au bord du marécage :

Un brin de jonc en fit l'affaire.

Le ton s'élève : avec deux mots le poète devient éloquent.

Dans le marais entrés, notre bonne commère
S'efforce de tirer son *hôte* au fond de l'eau,
Contre le *droit* des gens, contre la foi *jurée*.

On voit la joie gloutonne et cruelle du brigand :

Prétend qu'elle en fera gorge chaude et curée.
C'était à son avis un excellent morceau.
Déjà dans son esprit la galande le croque.

La scélératesse est achevée, puisqu'il est railleur et impie.

Il atteste les Dieux, la perfide s'en moque.

On assiste aux émotions successives du « pauvret » et du meurtrier. On va et revient de l'un à l'autre.

Il résiste, elle tire. (IV, 2.)

C'est un drame, et une intrigue, et l'on reste enfin suspendu, attendant le dénoûment. La trahison, subite et isolée dans Ésope, est préparée et développée dans La Fontaine ; Esope la nomme, La Fontaine la fait voir. L'un donne l'abrégé d'un conte, l'autre fait l'histoire de l'âme.

Au reste, La Fontaine ne décrit pas seulement les

mouvements de l'âme. Il sait que l'imagination de l'homme est toute corporelle; que, pour comprendre le déploiement des sentiments, il faut suivre la diversité des gestes et des attitudes; que nous ne voyons l'esprit qu'à travers le corps. Pour sentir l'importunité de la mouche, il faut être importuné de ses allées, de ses venues, de ses piqûres, de son bourdonnement. Phèdre ne nous apprend rien quand il met sa critique en sermon.

« Une mouche se posa sur le timon, et gourmandant la mule : Que tu es lente! dit-elle; ne veux-tu pas marcher plus vite? Prends garde que je ne te pique le col avec mon aiguillon. L'autre répondit : Je ne m'émeus pas de tes paroles; celui que je crains est l'homme qui, assis sur le siége de devant, gouverne mon joug de son fouet flexible, et retient ma bouche par le frein écumant. C'est pourquoi laisse là ta sotte insolence. Je sais quand il faut m'arrêter et quand il faut courir. »

Au contraire ici la critique est en action et le ridicule palpable, parce que la sottise tombe du moral dans le physique, et que l'impertinence des pensées et des sentiments devient l'impertinence des gestes et des mouvements.

Une mouche survient et des chevaux s'approche,
Prétend les animer par son bourdonnement,
Pique l'un, pique l'autre, et pense à tout moment
    Qu'elle fait aller la machine;
S'assied sur le timon, sur le nez du cocher;
    Aussitôt que le char chemine,
    Et qu'elle voit les gens marcher,
Elle s'en attribue uniquement la gloire,

Va, vient, fait l'empressée; il semble que ce soit
Un sergent de bataille, allant à chaque endroit
Faire avancer ses gens et hâter la victoire.

II. Même méthode dans les descriptions : car décrire, c'est raconter, et la seule différence c'est que dans le second cas les détails se succèdent, et que dans le premier ils sont ensemble. Phèdre a nommé le coche et s'est arrêté là. La Fontaine a marqué le lieu, le nombre des chevaux, leur force, leur fatigue, les différentes sortes de voyageurs, et je ne sais combien d'autres choses encore :

Dans un chemin montant, sablonneux, malaisé,
Et de tous les côtés au soleil exposé,
Six forts chevaux tiraient un coche.
Femmes, moines, vieillards, tout était descendu;
L'attelage suait, soufflait, était rendu. (VIII, 9.)

« On ne trouvera pas ici, dit La Fontaine, l'élégance et l'extrême brièveté qui rendent Phèdre recommandable. La simplicité est magnifique dans les grands hommes; moi qui n'ai pas les perfections de langage qu'ils ont eues, je ne la puis élever à un si haut point. J'ai cru qu'il fallait en récompense égayer l'ouvrage : c'est ce que j'ai fait avec d'autant plus de hardiesse que Quintilien dit qu'on ne saurait trop égayer les narrations. Il ne s'agit pas ici d'en apporter une raison; c'est assez que Quintilien l'ait dit. » (*Préface.*) Il est charmant de voir un poète s'accuser et s'excuser d'être poète, et demander à son vieux maître de rhétorique la permission d'animer ses personnages. Pour nous, nous aurons la hardiesse de trouver un peu froide cette peinture d'Ésope :

« Une femme veuve, laborieuse, ayant des servantes, avait coutume de les éveiller la nuit, au chant du coq, pour les mettre à l'ouvrage. Celles-ci, lassées de leur travail continu, résolurent d'étrangler le coq, car elles croyaient qu'il causait leurs maux en éveillant la nuit leur maîtresse. » (44.)

A proprement parler, ce n'est pas là un tableau, mais le sujet d'un tableau. La Fontaine l'a fait avec des couleurs aussi vraies, aussi familières, aussi franches que Van-Ostade et Téniers.

Dès que l'aurore, dis-je, en son char remontait,
Un misérable coq à point nommé chantait.
Aussitôt notre vieille, encor plus misérable,
S'affublait d'un jupon crasseux et détestable,
Allumait une lampe et courait droit au lit
Où de tout leur pouvoir, de tout leur appétit,
    Dormaient les deux pauvres servantes.
L'une entr'ouvrait un œil, l'autre étendait un bras,
    Et toutes deux très mal contentes
Disaient entre leurs dents : Maudit coq, tu mourras! (v, 6.)

III. Puisque le premier mérite du poète est l'exactitude minutieuse, le premier mérite des discours sera d'être directs, car les personnages effectifs parlent eux-mêmes; si l'écrivain se fait leur interprète, il ôte à leur langage le mouvement et la vérité. La fable de Phèdre est vive et jolie :

« Un jour, dans un pré, une grenouille vit un bœuf; et, envieuse d'une telle grandeur, elle enfla sa peau ridée, puis demanda à ses enfants si elle était plus grosse que le bœuf. Ceux-ci dirent que non. Alors elle tendit de nouveau sa peau par un effort plus grand, et demanda qui des deux était le plus grand. Ils dirent que c'était le bœuf. A la fin indignée, et voulant s'enfler encore plus fortement, son corps creva et elle resta morte. »

La Fontaine n'ajoute rien et met seulement le récit en dialogue; on va voir la différence.

> Une grenouille vit un bœuf
> Qui lui sembla de belle taille.
> Elle, qui n'était pas grosse en tout comme un œuf,
> Envieuse, s'étend, et s'enfle, et se travaille
> Pour égaler l'animal en grosseur,
> Disant : Regardez bien, ma sœur,
> Est-ce assez? dites-moi! n'y suis-je point encore?
> — Nenni. — M'y voici donc? — Point du tout. — M'y voilà?
> — Vous n'en approchez pas. La chétive pécore
> S'enfla si bien qu'elle creva. (I, 2.)

Aussi, lorsqu'il a pris le ton indirect, il le quitte vite. On sent à chaque instant que l'imagination fait éruption pour se dépouiller de cette forme inerte. Ses personnages, retenus un instant derrière le théâtre, accourent tout de suite sur la scène. Ils interrompent le poète et lui ôtent la parole.

> Un charlatan se vantait d'être
> En éloquence un si grand maître,
> Qu'il rendrait disert un badaud,
> Un manant, un rustre, un lourdaud.
> « Oui Messieurs, un lourdaud, un animal, un âne.
> Que l'on m'amène un âne, un âne renforcé :
> Je le rendrai maître passé
> Et veux qu'il porte la soutane. (VI, 19.)

« Tout parle en cet ouvrage, et même les poissons. » C'est le propre du poète de s'oublier lui-même, pour faire place aux enfants de son cerveau, « visibles fantômes », qui le font taire, et s'agitent, s'élancent, combattent, vivent en lui comme s'il n'était pas là.

Mais puisqu'ils parlent eux-mêmes, il faudra que leurs discours soient remplis de traits particuliers : car chacun de nous sait en détail ses affaires, et voit une à une les actions qu'il a faites hier, ou qu'il veut faire demain. Ce sont les étrangers qui ne connaissent de nous que les caractères généraux, et l'ensemble indistinct. Un indifférent saura vaguement les espérances de Perrette. Perrette calcule, sou par sou, sa dépense et son profit, en paysanne, et aussi en propriétaire qui fait son compte elle-même, et n'a pas besoin d'un interprète.

Notre laitière ainsi troussée
Comptait déjà dans sa pensée
Tout le prix de son lait, en employait l'argent,
Achetait un cent d'œufs, faisait triple couvée.
La chose allait à bien par son soin diligent.
Il m'est, disait-elle, facile
D'élever des poulets autour de ma maison.
Le renard sera bien habile
S'il ne m'en laisse assez pour avoir un cochon.
Le porc à s'engraisser coûtera peu de son :
Il était, quand je l'eus, de grosseur raisonnable.
J'aurai, le revendant, de l'argent bel et bon.
Et qui m'empêchera de mettre en notre étable,
Vu le prix dont il est, une vache et son veau,
Que je verrai sauter au milieu du troupeau? (VIII, 10.)

La Fontaine est devenu fermier ; un peu plus loin il sera

avocat. Il se pénètre des affaires de ses clients, expose les titres de propriété, les moyens de droit, les arguments contradictoires.

La dame au nez pointu répondit que la terre
Était au premier habitant.
C'était un beau sujet de guerre
Qu'un logis où lui-même il n'entrait qu'en rampant.
Et quand ce serait un royaume,
Je voudrais bien savoir, dit-elle, quelle loi
En a pour toujours fait l'octroi
A Jean, fils ou neveu de Pierre ou de Guillaume,
Plutôt qu'à Paul, plutôt qu'à moi.

Certes la belette qui met l'hérédité en question est une terrible révolutionnaire, et Rousseau n'a trouvé ni pis ni mieux dans son discours sur l'inégalité.

Jean lapin allégua la coutume et l'usage.
Ce sont, dit-il, leurs lois qui m'ont de ce logis
Rendu maître et seigneur, et qui de père en fils
L'ont de Pierre à Simon, puis à moi, Jean, transmis.
Le premier occupant! est-ce une loi plus sage? (VII, 18.)

La propriété n'a-t-elle pour fondement qu'une coutume? Cela serait grave, et cela est faux. En tous cas les deux plaidoyers sont le résumé de beaucoup de traités. Heureusement Grippeminaud supprime la question en mangeant les propriétaires.

Ces détails prouvent que chaque orateur fait sur soi « une réflexion profonde ». En s'enfonçant ainsi en soi-même, il y trouve des particularités qui n'appartiennent qu'à lui et que seul il peut y trouver. Le discours prend aussitôt un tour particulier; il se distingue des autres, il est donc nouveau et intéressant. Si le loup veut montrer qu'on le persécute, il cite l'histoire de sa race, et raconte les mœurs du village, les proclamations du château, les contes de la chaumière.

> Je suis haï, dit-il, et de chacun
> Le loup est l'ennemi commun;
> Chiens, chasseurs, villageois, s'assemblent pour sa perte.
> C'est par là que de loups l'Angleterre est déserte :
> On y mit notre tête à prix.
> Il n'est hobereau qui ne fasse
> Contre nous tels bans publier;
> Il n'est marmot osant crier
> Que du loup aussitôt sa mère ne menace. (x, 6.)

Esope dit simplement :

« Un loup, voyant des bergers qui sous une tente mangeaient un mouton, s'approcha, et dit : Quel bruit vous feriez si j'en faisais autant ! » (389.)

Libre à Lessing d'admirer cette concision. Mais cette plainte est froide, parce qu'elle est vague. Elle convient à un autre aussi bien qu'au loup. Elle ne nous apprend rien de son caractère ni de son histoire. Elle n'est qu'un lieu commun. Au contraire, un loup seul peut faire celle de La Fontaine, « un loup rempli d'humanité », philosophe, et qui médite le plus sérieusement du monde. Elle intéresse parce qu'elle est nouvelle et instructive. Ce loup est le premier qui la fasse, et elle nous montre son histoire et son portrait. Ce sont donc les détails qui sauvent du lieu commun, et c'est la fuite du lieu commun qui donne la vérité et l'intérêt; mais le portrait est vrai quand aux traits communs et généraux il ajoute les traits personnels; et il est intéressant quand aux traits communs et observés ailleurs il ajoute des traits nouveaux. La première règle est donc de trouver des traits nouveaux en cherchant des traits personnels. Il y a là toute une théorie, et contraire à celle du siècle. Presque tous les grands écrivains suivaient alors le précepte que Buffon donna plus tard. Pour rester nobles, ils fuyaient les détails particuliers, ou ne les exprimaient qu'en termes généraux. Cela allait si loin que, dans le plus simple et le plus rude de tous, Corneille, le personnage disparaissait souvent, ne laissant à sa place qu'une idée abstraite et morte, sans âme ni figure d'homme, et qu'en changeant les pronoms on pouvait faire de ses plus belles scènes des dissertations philosophiques. Ici, par exemple, c'est un critique qui parle, et ce n'est plus Horace.

Le sort qui de l'honneur *leur* ouvrit la barrière
Offrit à leur constance une illustre matière.
Il épuisa sa force à former un malheur
Pour mieux se mesurer avecque *leur* valeur;
Et, comme il vit en *eux* des âmes non communes,
Hors de l'ordre commun il *leur* fit des fortunes.
Combattre un ennemi pour le salut de tous,
Et contre un inconnu s'exposer seul aux coups,
D'une simple vertu c'est l'effet ordinaire :
Mille l'ont déjà fait, mille pourraient le faire.
Mourir pour le pays est un si digne sort,
Qu'on briguerait en foule une si belle mort.
Mais vouloir au public immoler ce qu'on aime,
S'attacher au combat contre un autre soi-même,
Attaquer un parti qui prend pour défenseur
Le frère d'une femme et l'amant d'une sœur,

Et, rompant tous les nœuds, s'armer pour la patrie
Contre un sang qu'on voudrait racheter de sa vie :
Une telle vertu n'était *digne que d'eux*.
L'éclat de son grand nom lui fait peu d'*envieux*,
Et peu d'hommes au cœur l'ont assez imprimée
Pour oser aspirer à tant de renommée.

(*Horace*, acte II, scène 3.)

## § 2. — DE L'UNITÉ.

Le danger de cette règle est de détruire toute règle : car dans la nature les détails sont infinis ; si l'on disait tout, l'on n'achèverait point. Il faut choisir dans cette multitude accumulée. Mais comment choisir ? Par quelle raison rejeter ceci et prendre cela ? Qui fera cette séparation du nécessaire et de l'inutile ? Une chose toute puissante, le but. Tout récit, discours, description, ensemble de récits, descriptions et discours, prouve un point et ne sert qu'à cette preuve. Ce qui ne démontre rien est superflu et doit être rejeté. Le poète a le sentiment obscur de ce but. Sans se l'être marqué comme un géomètre, il y va par le chemin le plus sûr et le plus court, poussé par cet instinct irréfléchi, aveugle et divin, qu'on nomme le goût. Il erre çà et là, léger, ailé, sacré, comme dit Platon, dans les prairies poétiques, et, à ce qu'il semble, à l'aventure, mais avec un choix et des préférences qu'il n'aperçoit pas. Ces mouvements si variés et si spontanés cachent une sagesse intérieure et obscure, qui l'écarte involontairement des choses déplacées ou inutiles, et le porte machinalement vers les meilleures et les plus belles. Cette raison ignorante est le génie qui reste vivant en devenant ordonnateur.

I. Il y a donc un milieu entre la sécheresse et l'abondance, entre la rareté et l'entassement des détails. Nous allons trouver cette vertu moyenne tour à tour dans le récit, dans la description, dans le discours et dans l'ensemble. La fable du bûcheron la montre dans le récit.

Celui d'Ésope est inanimé. Ces tristes fables d'Ésope qui se sont jouées dans l'imagination grecque pendant tant de siècles n'ont pas rencontré dans leur nation un poète qui les abritât sous son génie. Empêtrées plutôt qu'habillées dans le style lourd du rédacteur byzantin, elles ont traversé les siècles sous cet informe vêtement, et n'ont trouvé leur Homère que dans un Français, dans un chrétien, dans La Fontaine. Il est vrai que pour les recevoir il s'est fait un peu grec et païen.

« Un bûcheron laissa tomber sa hache dans un fleuve et le courant l'entraîna. Accablé de douleur, il pleurait assis sur le bord du fleuve. Mercure, ayant pitié de lui, vint lui demander pourquoi il pleurait. L'autre l'ayant dit, Mercure descendit dans le fleuve, et, en retirant une cognée d'or, il lui demanda si c'était celle-là qu'il avait perdue : il dit que non. Mercure, étant redescendu, en retira une d'argent : il dit encore qu'elle n'était pas à lui. Mercure descendit une troisième fois, et lui rapporta la sienne, lui demandant encore s'il avait perdu celle-là. C'est bien celle-là que j'ai perdue, dit-il. Mercure, ayant approuvé sa probité et sa véracité, les lui donna toutes. Lui, étant retourné vers ses compagnons, leur raconta ce qui lui était arrivé. Tous lui portèrent envie, et allèrent au même endroit, voulant faire le même profit. C'est pourquoi chacun d'eux, ayant pris sa hache, se rendit auprès du même fleuve pour couper du bois, et, ayant jeté fort à propos sa cognée dans le courant, s'assit en pleurant. Mercure étant apparu aussitôt et ayant demandé la cause de ces larmes, chacun d'eux répondit qu'il avait perdu sa hache dans le fleuve, etc. » (127.)

Laissons là cette narration monotone, et voyons dans Rabelais le luxe, la profusion, l'accumulation des détails, la folie de l'imagination qui déborde et se répand de tous côtés, et noie le récit, troublée, emportée, fangeuse :

« De son temps était un pauvre homme villageois, natif de Gravot, abatteur et fendeur de bois, et en cettuy état gagnait cahin-caha sa pauvre vie. Advint qu'il perdit sa coignée. Qui fut bien marri et fâché, ce fut il. Car de sa coignée dépendait son bien et sa vie. Par sa coignée vivait en honneur et en réputation entre tous les riches bûcheteurs. Sans sa coignée, mourait de faim. La mort six jours après le rencontrant sans coignée, avec son dail l'eût fauché et cerclé de ce monde. En cette estrof, commença à crier, prier, implorer, invoquer Jupiter par oraisons moult disertes (comme vous savez que nécessité fut inventrice d'éloquence), levant la face vers les cieux, les genoux en terre, la tête nue, les bras hauts en l'air, les doigts des mains écarquillés, disant à chacun refrain de ses suffrages à haute voix infatigablement : Ma coignée, Jupiter, ma coignée, ma coignée. Rien plus, ô Jupiter, que ma coignée, ou des deniers pour en acheter une autre. Hélas, ma pauvre coignée ! » (Liv. IV, *Prologue.*)

Jupiter tient son conseil; mais laissons Jupiter. Il y a là dans Rabelais tout un poème épique :

« Mercure avec son chapeau pointu, sa capeline, talonnières et caducée, se jette par la trappe des cieux, fend le vide de l'air, descend légèrement en terre, et jette aux pieds du bûcheron les trois coignées; puis lui dit : Tu as assez crié pour boire. Tes prières sont exaucées de Jupiter. Regarde laquelle de ces trois est ta coignée, et l'emporte. L'autre soulève la coignée d'or, et la trouve bien pesante. Puis dit à Mercure : Marmes, cette-ci n'est mie la mienne. Je n'en veux grain. Autant fit de la coignée d'argent et dit : Non, cette-ci, je vous la quitte. Puis prend en main la coignée de bois, il regarde au bout du manche, en icelui reconnaît sa marque, et, tressaillant tout de joie comme un renard qui rencontre poules égarées, et souriant du bout du nez, dit : Merdigue, cette-ci était mienne; si me la voulez laisser, je vous sacrifierai un bon et grand pot de lait tout fin couvert de belles fraières, aux Ides (c'est le quinzième jour de mai). — Bon homme, dit Mercure, je te la laisse, prends-la ; et pourceque tu as opté et souhaité médiocrité en matière de coignée, par le vouil de Jupiter, je te donne les deux autres. Tu as dorénavant de quoi te faire riche ; sois homme de bien. — L'autre courtoisement remercie Mercure, révère le grand Jupiter, sa coignée antique attache à sa ceinture de cuir, et s'en ceint sur le dos, comme Martin Cambray. Les deux autres plus pesantes il charge à son col. Ainsi s'en va prélassant par le pays, faisant bonne trogne parmi les parochiens et voisins, leur disant le petit mot de patelin : En ai-je! Au lendemain, vêtu d'une sequenie blanche, charge sur son dos les deux précieuses coignées, se transporte à Chinon, ville insigne, ville noble, ville antique, voire première du monde, selon le jugement et assertion des plus doctes Massorets. En Chinon, il change sa coignée d'argent en beaux testons et autre monnaie blanche; sa coignée d'or en beaux saluts, beaux moutons à grande laine, belles riddes, beaux royaux, beaux écus au soleil. Il en achète force métairies, force granges, force cens, forces cassines, prés, vignes, terres labourables, pâtis, étangs, moulins, jardins, bœufs, vaches, brebis. »

L'énumération est infinie, comme dans un conte indien. Que serait-ce si nous achevions de citer l'histoire? Il y a pourtant des mots heureux dans ce chaos, et beaucoup de vie et de mouvement :

Quum flueret lutulentus, erat quod tollere velles.

Mais il fallait éclaircir cette eau troublée. La Fontaine en quelques vers garde tous les traits intéressants, et en ajoute d'autres.

Un bûcheron perdit son *gagne-pain*.

Le long début de Rabelais est tout entier dans ce mot.

C'est sa cognée, et, la cherchant en vain,
Ce fut pitié là-dessus de l'entendre.
Il n'avait pas des outils à revendre.

Ce dernier trait est d'un paysan et manque dans l'autre récit. La plainte de Rabelais est exagérée et touche au ridicule. Elle ressemble à ces grandes peintures de Jordaens, montagnes de corps entassés, de visages enluminés, où les chairs débordent hors de toute forme, où les couleurs exagérées s'entrechoquent, mais où toutes les figures sont vivantes et de belle humeur. Celle-ci est naïve, touchante et mesurée comme un petit tableau de Téniers.

Ne sachant donc où mettre son espoir,
Sa face était de pleurs toute baignée.
O ma cognée! ô ma pauvre cognée!
S'écriait-il; Jupiter, rends-la-moi:
Je tiendrai l'être encore un coup de toi.

Le dialogue entre Mercure et lui est direct comme dans Rabelais. Mais tout le tapage de la fin est rassemblé en quelques vers :

L'histoire en est aussitôt dispersée,
Et boquillons de perdre leur outil,
Et de crier pour se le faire rendre.

Cela est plus bref qu'Ésope lui-même, et Ésope ne peint pas.

Son fils Mercure aux criards vient encor;
A chacun d'eux il en montre une d'or.
Chacun eût cru passer pour une bête
De ne pas dire aussitôt : La voilà. (v, 1.)

Rabelais, étourdi de ses détails et enivré de sa profusion, n'a pas aperçu ce geste ni rendu cette exclamation ; il dit seulement :

« Tous choisissaient celle qui était d'or et l'amassaient, remerciant le grand donateur Jupiter. »

Étrange puissance que celle du goût! La Fontaine trouve plus d'idées que Rabelais, et dit moins de paroles qu'Ésope. Il est plus peintre que le peintre, et plus court que l'abréviateur. D'où vient ce double talent? Du désir d'aller au but.

II. La Fontaine ne décrit jamais pour décrire. Tous ses traits sont calculés pour produire une impression unique. Ce sont autant d'arguments dissimulés qui tendent tous à un même effet.

Un rat des plus petits voyait un éléphant
Des plus gros, et raillait le marcher un peu lent
De la bête de haut parage,
Qui marchait à gros équipage.
Sur l'animal à triple étage
Une sultane de renom,
Son chien, son chat et sa guenon,
Son perroquet, sa vieille et toute sa maison,
S'en allaient en pèlerinage. (x, 15.)

Il fallait prouver que l'animal est énorme : cela fait ressortir la sottise du rat; tous les autres traits sont rejetés. Un faiseur de descriptions eût montré la physionomie de l'éléphant, la tranquillité de ses yeux intelligents, la couleur de sa peau, etc. ; un vrai poëte songe à l'ensemble et ne décrit que pour prouver. Cela sera plus visible encore si nous observons comment La Fontaine a corrigé ses originaux.

« Un grand chasseur, dit Pilpay, revenant un jour

de la chasse avec un daim qu'il avait pris, aperçut un sanglier qui venait droit à lui. Bon, dit le chasseur, cette bête augmentera ma provision. Il banda son arc aussitôt, et décocha sa flèche si adroitement, qu'il blessa le sanglier à mort. Cet animal, se sentant blessé, vint avec tant de furie sur le chasseur, qu'il lui fendit le ventre avec ses défenses, de manière qu'ils tombèrent tous deux sur la place. » (263.)

Le chasseur de son arc avait mis bas un daim.
Un faon de biche passe, et le voilà soudain
Compagnon du défunt; tous deux gisent sur l'herbe.
La proie était honnête : un daim avec un faon,
Tout modeste chasseur en eût été content.
Cependant un sanglier, monstre énorme et superbe,
Tente encor notre archer, friand de tels morceaux.
Autre habitant du Styx : la Parque et ses ciseaux
Avec peine y mordaient; la déesse infernale
Reprit à plusieurs fois l'heure au monstre fatale.
De la force du coup pourtant il s'abattit.

Il fallait bien rendre le sanglier terrible, pour montrer la folie du convoiteux; la morale exige donc ces détails de la description. Elle exige encore cette réflexion qui la prépare :

Mais quoi! rien ne remplit
Les vastes appétits d'un faiseur de conquêtes.

Et cette nouvelle entreprise du chasseur, qui comble son imprudence, et cause sa mort :

Dans le temps que le porc revient à soi, l'archer
Voit le long d'un sillon une perdrix marcher,
Surcroît chétif aux autres têtes.
De son arc toutefois il bande les ressorts.

Le sanglier, rappelant les restes de sa vie,
Vient à lui, le découd, meurt vengé sur son corps.
(VIII, 27.)

III. Même changement dans les discours. La Fontaine a pris à Pilpay celui du pigeon. Mais d'une litanie sentencieuse qui ne laisse à l'auditeur aucune impression précise, et dont les parties éparses défilent lentement sans aller au but, il a fait le discours d'un amant dont chaque mot est une preuve de tendresse. Le sentiment en lie toutes les parties, et parce qu'il est vivant il est un.

« Il y avait deux pigeons qui vivaient heureux dans leurs nids, à couvert de toutes les injures du temps, et contents d'un peu d'eau et de grain. C'est un trésor d'être dans la solitude quand on y est avec son ami, et l'on ne perd pas à quitter pour lui toutes les autres compagnies du monde. Mais il semble que le destin n'ait autre chose à faire en ce monde qu'à séparer les amis. L'un de ces pigeons se nommait l'Aimé, l'autre l'Aimant. Un jour l'Aimé eut envie de voyager, il communiqua son dessein à son compagnon. Serons-nous toujours enfermés dans un trou? lui dit-il. Pour moi, j'ai résolu d'aller quelque jour par le monde. Dans les voyages, on voit tous les jours des choses nouvelles, on acquiert de l'expérience. Les sages ont dit que les voyages étaient un moyen d'acquérir les connaissances que nous n'avons pas. Si l'épée ne sort du fourreau, elle ne peut montrer sa valeur; et si la plume ne fait sa course sur l'étendue d'une page, elle ne montre pas son éloquence. Le ciel à cause de son perpétuel mouvement est au-dessus de tout, et la terre sert de marchepied à toutes les créatures, parce qu'elle est immobile. Si un arbre pouvait se transporter d'un lieu à un autre, il ne craindrait pas la scie ni la cognée, et ne serait pas exposé aux mauvais traitements des bûcherons. — Cela est vrai, lui dit l'Aimant; mais, mon cher compagnon, vous n'avez jamais souffert les fatigues des voyages, et vous ne savez ce que c'est que d'être en pays étranger. Le voyage est un arbre qui ne donne pour tout fruit que des inquiétudes. — Si les fatigues des voyageurs sont grandes, repartit l'Aimé, elles sont bien récompensées par le plaisir qu'ils ont de voir mille choses rares, et quand on s'est accoutumé à la peine on ne la trouve plus étrange. — Les voyages, reprit l'Aimant, ne sont agréables que lorsqu'on les fait avec ses amis : car, quand on est éloigné d'eux, outre qu'on est exposé aux injures du temps, on a la douleur encore de se voir séparé de ce qu'on aime. Ne quittez donc point un lieu où vous êtes en repos, et l'objet que vous aimez. — Si ces peines me paraissent insupportables, reprit l'Aimé, dans peu de temps je serai de retour. — Après cette conversation, ils s'embrassèrent, se dirent adieu et se séparèrent. » (Edit. 1691, p. 23.)

Le pigeon aime-t-il son ami? On en doute après ce discours. En doute-t-on après celui-ci?

Deux pigeons s'aimaient d'amour tendre.
L'un d'eux, s'ennuyant au logis,
Fut assez fou pour entreprendre
Un voyage au lointain pays.
L'autre lui dit : Qu'allez-vous faire?

Voulez-vous quitter votre frère?
L'absence est le plus grand des maux,
Non pas pour vous, cruel! Au moins que les travaux,
Les dangers, les soins du voyage,
Changent un peu votre courage.
Encor si la saison s'avançait davantage!
Attendez les zéphyrs. Qui vous presse? Un corbeau
Tout à l'heure annonçait malheur à quelque oiseau.
Je ne songerai plus que rencontre funeste,
Que faucons, que réseaux. Hélas! dirai-je, il pleut;
Mon frère a-t-il tout ce qu'il veut,
Bon souper, bon gîte, et le reste? (IX, 2.)

Ces détails de tendresse prévoyante et alarmée, cette émotion plaintive, ce ton plein de langueur et d'amour, sont dans Virgile. Didon n'est ni plus passionnée, ni plus triste.

Quin etiam hiberno moliris sidere classem
Et mediis properas aquilonibus ire per altum,
Crudelis!

C'est le même abandon et la même grâce. Et tout cela a un but, qui est de prouver la morale, et d'empêcher les amants de se quitter.

IV. La Fontaine nous a donné lui-même son secret dans la fable du lièvre et de la tortue. Il nous y fait voir comment il rapporte tout à l'ensemble, et pourquoi il rejette certains traits de son original. Dans Esope, après que la tortue a défié le lièvre, elle dit :

« Qui est-ce qui nous marquera le but et nous donnera le prix? — Le plus sage des animaux, le renard, marque la fin et le commencement de la carrière, leur désignant en même temps la course qu'il fallait faire et le but. » (173.) «Ce n'est pas l'affaire, dit La Fontaine, de savoir qui fut juge » ; et il blâme dans Esope un détail inutile ; il en a retranché bien d'autres qui contredisaient la conclusion. Le bonhomme était plus réfléchi qu'on ne pense. S'il avait la verve facile d'un poète, il avait le travail assidu d'un écrivain. Il corrigeait, épurait, ajoutait, choisissait, et ses compositions sous une apparente négligence étaient aussi bien liées que celles des plus fameux raisonneurs.

Nous ne voulons pas le comparer aux fabulistes du moyen âge (M. Robert, *Les deux Ysopets*), qui détrempent et délaient ses couleurs si vives et ses traits si nets dans une abondance terne de détails monotones ; il ne les a pas connus. Voyons seulement comment il a transformé Pilpay son modèle, et fait un poème d'une simple matière, ce qu'il a dû changer pour accommoder le récit à la morale, combien de fois il a fallu créer de toutes pièces des caractères. L'art, comme une âme, entre dans la prose pour la vivifier et l'organiser.

« Il y avait une tortue qui vivait contente dans un étang avec quelques canards. Il vint une année de sécheresse, de sorte qu'il ne resta point d'eau dans l'étang. Les canards, se trouvant contraints de déloger, allèrent trouver la tortue pour lui dire adieu. — Elle leur reprocha qu'ils la quittaient dans le temps de la misère, et les conjura de la mener avec eux. » (Page 153.)

Elle est fort excusable, puisqu'elle ne quitte son pays que par misère et pour suivre ses amis. Il fallait, pour donner une leçon morale, en faire « une imprudente, une babillarde, une curieuse » ; il fallait préparer la sotte réponse qu'elle fera du haut de l'air aux gens émerveillés ; il fallait dire comme La Fontaine :

Une tortue était à la tête légère,
Qui, lasse de son trou, voulut voir le pays.
Volontiers on fait cas d'une terre étrangère,
Volontiers gens boiteux haïssent le logis.

La tortue indienne est raisonnable, et ne périt que par inadvertance. Elle a supporté long-temps les criailleries des passants, et chacun à sa place eût lâché le bâton.

« Quand ils furent au dessus d'un village, les habitants qui les virent, étonnés de la nouveauté de ce spectacle, se mirent à crier tous à la fois, ce qui faisait un charivari que la tortue écoutait patiemment. A la fin, ne pouvant plus garder le silence, elle voulut dire : Que les envieux aient les yeux crevés, s'ils ne peuvent me regarder. »

Comparez à ce léger mouvement de vanité, qui n'est au fond qu'une boutade d'impatience, la présomption soudaine et l'impertinence parfaite de la tortue française :

Miracle ! disait-on, venez voir dans les nues
Passer la reine des tortues.
La reine, oui vraiment, je la suis en effet ;
Ne vous en moquez pas. (x, 3.)

Tous les caractères que construit La Fontaine servent de preuve à sa morale, et tous ses détails servent de confirmation à la preuve. Nous avons vu combien le chien, noble parasite, différait du grossier glouton de Phèdre. C'est qu'il fallait rendre la servitude élégante et séduisante, pour mieux louer la rude et dure liberté qu'on lui préfère. Esope dit en deux mots que le chêne, n'ayant pas voulu courber la tête, fut brisé par l'ouragan. La Fontaine, pour mieux frapper les orgueilleux, lui donne un ton de protection insolente, et le jette aux pieds de celui que sa bienveillance voulait humilier. Nous avons suivi les longs détails du monologue de Perrette; mais plus il est long, plus il est sot. Une courte espérance ne serait pas ridicule. Pour que la chute soit plus grande, il faut que le personnage bâtisse d'avance tout l'avenir, et s'installe à son aise dans son château en Espagne. Ces détails et ces portraits ne sont donc au fond que des arguments. Le poète est meilleur moraliste que le raisonneur : car à chaque instant il applique les règles du syllogisme poétique, et corrige les fausses preuves de ses devanciers. Ses originaux s'égarent sans cesse à côté de leur objet. Quand Pilpay veut ouvrir son drame d'une façon naturelle, il se perd dans des récits sans fin, et souvent détruit d'avance sa morale. Peut-on plaindre la couleuvre et s'indigner de la tyrannie de l'homme, quand on a lu ce commencement :

« Un homme monté sur un chameau passait dans un bocage. Il alla se reposer dans un endroit d'où une caravane venait de partir, et où elle avait laissé du feu dont quelques étincelles, poussées par le vent, enflammaient un buisson dans lequel il y avait une couleuvre. Elle se trouva si promptement environnée de flammes qu'elle ne savait par où sortir. Elle aperçut en ce moment cet homme dont nous venons de parler, et elle le pria de lui sauver la vie. Comme il était naturellement pitoyable, il dit en lui-même : Il est vrai que ces animaux sont ennemis des hommes, mais aussi les bonnes actions sont très estimables; et quiconque sème la graine des bonnes œuvres ne peut manquer de cueillir le fruit des bénédictions. Après avoir fait cette réflexion, il prit un sac qu'il avait, et l'ayant attaché au bout de sa lance, il le tendit à la couleuvre, qui se jeta aussitôt dedans. L'homme aussitôt le retira et en fit sortir la couleuvre, lui disant qu'elle pouvait aller où bon lui semblerait, pourvu qu'elle ne nuisît plus aux hommes, après en avoir reçu un si grand bienfait. Mais la couleuvre répondit : Ne pensez pas que je veuille m'en aller de la sorte. Je veux auparavant jeter ma rage sur vous et sur votre chameau. — Soyez juste, répliqua l'homme, et dites-moi s'il est permis de récompenser le bien par le mal. — Je ne ferai en cela, repartit la couleuvre, que ce que vous faites tous les jours vous-même, c'est-à-dire reconnaître une bonne action par une mauvaise, et payer d'ingratitude un bienfait reçu. — Vous ne sauriez, dit l'homme, me prouver cette proposition, et si vous rencontrez quelqu'un qui soit de votre opinion, je consentirai à tout ce que vous voudrez. » (248.)

Donnons-nous le plaisir de décomposer tout à loisir la fable de La Fontaine; elle est peut-être la plus longue de l'ouvrage, et cette multitude de détails ne fera que rendre plus sensible l'unité du tout.

Supposons que notre poète, ayant relu sa fable du loup

et de l'agneau, ne l'ait pas trouvée assez forte et cherche un autre exemple afin de mieux prouver que

La raison du plus fort est toujours la meilleure.

Pour cela, il faut que le personnage tyrannique soit vingt fois réfuté, et n'en soit pas moins tyrannique. Considérons toutes ces réfutations et tous ces actes de tyrannie. Le poète met d'abord en deux mots le résumé de sa fable. L'homme est un despote, et résout la mort de son « ennemi, qu'il soit coupable ou non » ; il est hypocrite ; s'il se justifie, « c'est pour le payer de raison ».

Mais il est réfuté, et par ses propres paroles ; il a plaidé contre lui-même, et s'est condamné en condamnant les ingrats ; le serpent n'a pas à discuter ; l'homme s'est chargé de le défendre. Y a-t-il un raisonnement plus fort que cet argument personnel :

Toi-même tu te fais ton procès ; je me fonde
Sur tes propres leçons. Jette les yeux sur toi.
Mes jours sont en tes mains ; tranche-les. Ta justice,
C'est ton utilité, ton plaisir, ton caprice.
Selon ces lois condamne-moi ;
Mais trouve bon qu'avec franchise
En mourant au moins je te dise
Que le symbole des ingrats,
Ce n'est pas le serpent, c'est l'homme.

Il faut bien que l'homme recule devant une réponse si rude. La force de la vérité le rejette encore une fois dans l'hypocrisie. Le voilà contraint d'user des voies légales. Mais comme tout d'abord il dévoile son mensonge, et estime sa justice au prix qu'elle vaut ! Il n'accepte un arbitre que pour faire consacrer sa violence, et se réserve le droit de violer la loi qu'il a consentie, si elle n'est pas aussi inique que lui.

> Tes raisons sont frivoles;
> Je pourrais décider, car le droit m'appartient.

Voyons donc la comédie juridique. Il y a trois actes; le procès est jugé à tous les tribunaux, en première instance, en appel, en cassation. Les juges sont choisis par l'homme, le serpent n'en récuse aucun. Tous ajoutent à la sentence les motifs de la sentence. Tous sont du même avis. Nul ne trouve un seul instant l'affaire obscure ou douteuse. Si la raison a jamais raison contre la force, ce doit être aujourd'hui. — C'est peu cependant. Quand les juges ne seraient pas juges, quand ils décideraient sans autorité et en simples particuliers, quand leur arrêt ne serait qu'un plaidoyer, l'homme tomberait abattu sous les coups tout-puissants de leurs raisons. Car ce sont des faits qu'ils allèguent, des faits dont ils sont témoins, qu'ils ont soufferts, dont leur corps porte les preuves, que tout le monde sait, que l'homme ne peut nier, qu'ils souffrent maintenant encore, qu'en ce moment même on touche de la main et des yeux.

> Une vache était là; l'on l'appelle, elle vient.
> Le cas est proposé : c'était chose facile.
> Fallait-il pour cela, dit-elle, m'appeler?
> La couleuvre a raison; pourquoi dissimuler?
> Je nourris celui-ci depuis longues années;
> Il n'a sans mes bienfaits passé nulles journées.
> Tout n'est que pour lui seul : mon lait et mes enfants
> Le font à la maison revenir les mains pleines;

Même j'ai rétabli sa santé, que les ans
 Avaient altérée, et mes peines
Ont pour but son plaisir ainsi que son besoin.
Enfin me voilà vieille; il me laisse en un coin
Sans herbe. S'il voulait encor me laisser paître!
Mais je suis attachée; et, si j'eusse eu pour maître
Un serpent, eût-il pu jamais pousser si loin
L'ingratitude? Adieu; j'ai dit ce que je pense.

Chose triste et plaisante!

L'homme fut étonné d'une telle sentence.

Il n'a pas même contre lui sa conscience. Il l'a mise du parti de son vice; il a fini par croire aux vertus qu'il s'attribue; l'habitude de la puissance a consacré l'habitude de l'injustice, et son hypocrisie est presque de la bonne foi. Mais quel sophiste! et comme il sait profiter des moindres choses pour renverser la vérité avec une apparence de raison! La pauvre vache a eu le malheur de se dire vieille :

Faut-il croire ce qu'elle dit?
C'est une radoteuse; elle a perdu l'esprit.
Croyons ce bœuf. Croyons, dit la rampante bête.

La vache avait prononcé assez vite; le nouveau juge est plus réfléchi. Autre garantie d'équité et de sagesse. Le poète ferme peu à peu toutes les issues par où le tyran pourrait s'échapper.

Le bœuf vint à pas lents.
Quand il eut ruminé tout le cas dans sa tête,
 Il dit que du labeur des ans
Pour nous seuls il portait les soins les plus pesants,
Parcourant, sans cesser, ce long cercle de peines
Qui, revenant sur soi, ramenait dans nos plaines

Ce que Cérès nous donne et vend aux animaux;
Que cette suite de travaux
Pour récompense avait, de tous tant que nous sommes,
Force coups, peu de gré; puis, quand il était vieux,
On croyait l'honorer chaque fois que les hommes
Achetaient de son sang l'indulgence des dieux.

Les preuves d'ingratitude vont s'aggravant, et le style s'élève jusqu'à l'éloquence. Nouveau moyen d'appel. La force du jugement sert de prétexte pour l'attaquer.

L'homme dit: Faisons taire
Cet ennuyeux déclamateur;
Il cherche de grands mots, et vient ici se faire,
Au lieu d'arbitre, accusateur.
Je le récuse aussi.

Mais là est la dernière ressource de la mauvaise foi. L'arbre prouve à l'homme qu'il est un meurtrier, d'un ton simple, qui ne laisse place à aucun subterfuge.

L'arbre étant pris pour juge,
Ce fut bien pis encore: il servait de refuge
Contre le chaud, la pluie et la fureur des vents;
Pour nous seuls il ornait les jardins et les champs.
L'ombrage n'était pas le seul bien qu'il sût faire:
Il courbait sous les fruits. Cependant pour salaire
Un rustre l'abattait: c'était là son loyer,
Quoique, pendant tout l'an, libéral il nous donne
Ou des fleurs au printemps, ou des fruits en automne,
L'ombre l'été, l'hiver les plaisirs du foyer.
Que ne l'émondait-on, sans prendre la cognée!
De son tempérament il eût encor vécu.

Le meurtre du bœuf avait l'intérêt pour raison, sinon pour excuse. Le meurtre de l'arbre est inutile. L'homme ne l'abat que pour le plaisir d'être méchant. Ce comble de l'ingratitude parfaite est le dernier trait.

Non pas cependant. Ainsi convaincu de cruauté, l'homme se décerne lui-même le prix de vertu. Il appelle bonté son hypocrisie, et de ses propres mains lui met la couronne.

Je suis bien bon, dit-il, d'écouter ces gens-là!
Du sac et du serpent aussitôt il donna
Contre les murs, tant qu'il tua la bête.

Dès lors, suivant le mot antique, « le juste est devenu injuste », et la fable s'arrête. Quatre dialogues successifs l'ont conduite par une série liée de preuves croissantes vers la maxime unique qu'elle devait démontrer.

Je crois cependant qu'il est une fable dont la composition est d'un art encore plus achevé et plus profond. Aussi bien est-ce plus qu'une fable: c'est le discours du paysan du Danube.

Je ne dirai rien de l'ensemble. Remarquons seulement que le portrait du barbare n'est pas un hors-d'œuvre, qu'il fait contraste avec le discours, et que les deux réunis servent à montrer « qu'il ne faut pas juger les gens sur l'apparence ».

C'est dans le discours même que nous chercherons, sous le mouvement rapide et sous les élans oratoires, l'ordre rigoureux et la composition calculée. Les grandes œuvres poétiques sont comme les grandes œuvres naturelles : elles renferment un raisonnement intérieur dont elles n'ont pas conscience, et sont un syllogisme en action.

Il n'y a qu'un moyen pour parler d'un ton supérieur

à un plus puissant que soi : c'est de prendre son appui sur un plus puissant que lui. Au dessus des maîtres de la terre il y a les rois du ciel. L'opprimé s'arme de leur toute-puissance, et l'oppresseur fléchit sous la volonté de ces maîtres communs. Aussi le seul argument du barbare est la justice divine, et tout son discours respire un souffle de religion. Il l'annonce dès l'exorde :

Romains, et vous, sénat, assis pour m'écouter,
Je supplie avant tout les dieux de m'exaucer.
Veuillent les immortels, conducteurs de ma langue,
Que je ne dise rien qui doive être repris.

La religion, qui a fait l'exorde, fait la transition.

Sans leur aide, il ne peut entrer dans les esprits
Que tout mal et toute injustice.
Faute d'y recourir, on viole leurs lois;
Témoins nous que punit la romaine avarice.

La religion fournit l'argument unique : que les dieux punissent les hommes injustes. Elle le prouve en expliquant la servitude des Germains et la domination des Romains : c'est parce que les Germains ont offensé les dieux qu'ils sont esclaves; c'est parce que les Romains sont instruments des dieux qu'ils sont maîtres. Ainsi la religion, qui a donné la preuve principale, donne encore les preuves de la preuve. Nous la rencontrons seule et partout.

Rome est par nos forfaits plus que par ses exploits
L'instrument de notre supplice.
Craignez, Romains, craignez que le ciel quelque jour
Ne transporte chez vous les pleurs et la misère,

Et, mettant en nos mains, par un juste retour,
Les armes dont se sert sa vengeance sévère,
Il ne vous fasse en sa colère
Nos esclaves à votre tour.
Et pourquoi sommes-nous les vôtres? Qu'on me die
En quoi vous valez mieux que cent peuples divers,
Quel droit vous a rendus maîtres de l'univers?
Pourquoi venir troubler une innocente vie?
Nous cultivions en paix d'heureux champs, et nos mains
Etaient propres aux arts, ainsi qu'au labourage.
Qu'avez-vous appris aux Germains?
Ils ont l'adresse et le courage;
S'ils avaient eu l'avidité
Comme vous et la violence,
Peut-être en votre place ils auraient la puissance,
Et sauraient l'exercer sans inhumanité.

Cette comparaison des Germains et des Romains a prouvé que la servitude des uns et le commandement des autres sont sans raison naturelle, et ne peuvent avoir qu'une raison divine. Elle est donc aussi amenée par la religion.

Puisque la puissance romaine n'est fondée que sur la volonté des dieux, et n'est pour les dieux qu'un moyen de punir l'injustice, elle périra si elle est injuste, et l'oppression des Germains, exemple de la justice divine, irrite la justice divine contre les oppresseurs. La première partie du discours a montré une vengeance divine accomplie, la seconde prouve qu'une vengeance divine va s'accomplir. Ainsi les cruautés des Romains seront représentées comme des offenses contre les dieux, et toutes les plaintes du barbare auront la force d'une menace prophétique. Encore ici nous retrouvons les dieux.

> Celle que vos préteurs ont sur nous exercée
> N'entre qu'à peine en la pensée.
> La majesté de vos autels
> Elle-même en est offensée.
> Car sachez que les immortels
> Ont les regards sur nous. Grâces à vos exemples,
> Ils n'ont devant les yeux que des objets d'horreur,
> Du mépris d'eux et de leurs temples,
> D'avarice qui va jusques à la fureur.

Cette gravité religieuse se marque encore dans le choix des plaintes. Il s'indigne moins de voir les Romains tyrans que corrupteurs.

> Vos préteurs aux malheurs nous font joindre le crime.
> Retirez-les, ils ne nous apprendront
> Que la mollesse et que le vice.
> Les Germains comme eux deviendront
> Gens de rapine et d'avarice.

Et tous ces sentiments sont ramassés dans une conclusion brusque, qui est une action parlante et toute religieuse.

> Je finis. Punissez de mort
> Une plainte un peu trop sincère.

Il se prosterne et attend le supplice. C'est la résignation du sacrifice, et cette grandeur d'âme est celle d'un martyr.

Ainsi, l'action, comme les caractères, est un système. Elle répand à profusion les détails, mais pour les ordonner. Elle se disperse en tous sens, mais pour se rattacher à un centre fixe. Ses mouvements les plus divers et les plus libres tendent vers un but marqué et unique, et elle ne se développe que pour s'organiser. Poésie et système sont des mots qui semblent s'exclure, et qui ont le même sens.

---

## CHAPITRE IV.

### DE L'EXPRESSION.

Les personnages et l'action poétique ne sortent du cerveau du poète qu'en prenant une figure sensible et en s'incorporant à des signes physiques qui sont les mots. Ces signes alors s'attachent à la pensée par une union indissoluble. Leur son, leur position, leur origine, s'accordent avec elle. Ils en reproduisent la naissance, les alliances, l'ordre, la division, la composition. C'est une seconde pensée sous forme corporelle qui suit partout la première et entre avec elle dans la poésie.

Aussi les mêmes règles qui font la poésie des idées font celle des mots. Ils doivent être choisis et ordonnés comme elle pour exprimer les détails et la variété des mouvements de l'âme, et pour établir dans cette multitude l'harmonie et l'unité.

### § 1. — DE L'EXPRESSION SIMPLE.

Le mot propre est l'unique expression des choses particulières. Les périphrases et les termes nobles appliqués aux objets grossiers sont une sorte de mensonge.

L'auteur déguise sa pensée comme s'il en avait honte; il en efface les traits saillants et le caractère simple, et ce n'est plus elle qu'on aperçoit. — Quand Delille dit :

Et d'une horrible toux les accès violents
Etouffent l'animal qui s'engraisse de glands,

il ne laisse dans l'esprit du lecteur qu'une image froide et vague. C'est l'expression crue et nue qui fait la vie.

« Une toux haletante secoue les porcs malades, enfle leur gorge et les étouffe. »

Ainsi nous n'avons pas besoin, pour excuser Homère, de dire avec Boileau que le terme d'*âne* était noble chez les Grecs. Nous dirons seulement qu'il était vrai, et que le lecteur ne voit la bête que lorsqu'elle est nommée par son nom. Ecrire avec des termes généraux ou des périphrases, c'est donner la définition de la chose au lieu de la montrer, et l'exprimer en savant ou en faiseur d'énigmes, non en poète.

Ici encore La Fontaine s'est écarté de l'opinion de son siècle. Il est vrai qu'il peignait des animaux, et qu'on excusait des expressions vulgaires appliquées à des objets vulgaires. Ses personnages ne vivaient pas à la cour, mais aux champs et dans les étables, et on lui pardonnait de se faire fermier, et de savoir le nom rustique des bêtes, de dire la *bique*, le *loquet*; de peindre bravement la cuisine, « le tripotage des mères et des nourrissons » ; et plus intrépidement encore les habits de ses personnages, « le jupon crasseux et détestable d'une misérable vieille ». Il ne craint pas même l'odeur du fumier.

Leur ennemi changea de note,
Sur la robe du dieu fit tomber une crotte.

Il faut bien avouer qu'il n'y a pas de synonymes, et quand La Fontaine dit :

> Et chacun de tirer, le mâtin, la canaille,
> A qui mieux mieux. Ils firent tous *ripaille*, (VIII, 7.)

ce dernier mot a quelque chose d'ignoble qui convient à ces pillards gloutons. Mettez à la place : « Ils firent tous festin », on ne voit plus cette voracité brutale. Les fables sont remplies de ces mots : Goujat, hère, racaille, etc. ; et tout cela a sa raison. Les mots diffèrent, par leur son d'abord ; tout le monde sait qu'il y a des sons larges et francs, légers ou durs, élégants ou sales. Les émotions de l'oreille se transmettent à l'âme, et diminuent ou achèvent l'impression que l'idée a laissée. Ajoutez qu'ils diffèrent par leur origine et leurs alliances. Ils se présentent à l'esprit avec les occasions où on les emploie. Ils se sentent de leur compagnie habituelle. Ils sont nés dans les tavernes ou dans les palais, dans le cabinet ou à la campagne ; ils apparaissent avec un cortége qui leur donne leur titre et leur rang, humble ou élevé, dans le discours. Un poëte comme un législateur doit respecter les places acquises, et ne pas mettre les beaux mots dans les bas emplois.

Dans cette société des petites gens, dans cette habitude des détails vulgaires, le poëte a pris un ton familier qu'il garde partout. Il parle assez peu respectueusement de ces princes « qui vont s'échauder bien loin pour le profit de quelque roi ». C'est le mot d'un homme qui a vu bouillir la marmite. Il emprunte au peuple ses comparaisons :

Notre souffleur à gage
S'enfle comme un ballon
Fait un vacarme de démon.

Il cite les proverbes du village.

Camarade épongier. . . . . . . . . . . .
Portait, comme on dit, les bouteilles. (II, 10.)

Ce sont les figures habituelles aux campagnards, toutes prises dans la pensée de l'argent et de la bonbance. Ses rats ne trouvent à manger « que le quart de leur sou ». Son cormoran « fonde sa cuisine » sur l'étang voisin. Ses métaphores sont ceux d'un tailleur ou d'une fruitière :

Le voisin au contraire était tout *cousu* d'or.

Il n'était ambre, il n'était fleur
Qui ne fût *ail* au prix.

Lucrèce avait dit noblement, à l'antique :

Cur non, ut plenus vitæ, conviva recedis ?

La Fontaine ajoute en bourgeois et en paysan :

Je voudrais qu'à cet âge
On sortît de la vie ainsi que d'un banquet,
Remerciant son hôte, et qu'on fît son *paquet*.

Il invente, comme le peuple, ces expressions hardies qu'on ne remarque pas, tant elles sont naturelles, mais qui sont la vraie rhétorique, et faisaient dire à l'abbé d'Olivet qu'on fabrique plus de tropes en un jour à la halle qu'en un an à l'Académie. C'est Procné qui « caracole, frisant les airs et les eaux ». C'est Perrette qui « d'un œil marri quitte sa fortune à terre répandue ». C'est le souper du croquant « qui s'envole » avec la colombe.

Il a tant de goût pour le mot propre qu'il va le chercher jusque dans les dialectes de province. C'était le conseil de Montaigne, notre plus grand peintre.

L'héritage
Était *frayant* et rude.

Avant que la *nitée*
Se trouvât assez forte encor
Pour voler et prendre l'essor.

Il rajeunit les vieilles expressions qui lui semblent avoir des nuances plus fines : chartre, déduit, boquillon, liesse, chevance, lipée, tous les mots rejetés par l'usage gardent avec eux quelque chose de la naïveté du bon vieux temps. Un vrai peintre ne néglige aucune couleur, parce qu'il y a tel détail qui ne peut être rendu que par une seule teinte. Les mots sont aussi particuliers que les objets.

Il ne faut que du courage pour mettre le mot propre. Il faut de la modestie pour mettre l'expression simple. Cela était d'autant plus héroïque que les auteurs du temps poursuivaient l'élégance à tout prix, et faisaient mourir leurs héros en style académique.

Dans cet embrassement dont la douceur me flatte,
Venez et recevez l'âme de Mithridate.

Et la mort à mes yeux dérobant sa clarté
Rend au jour qu'il souillait toute sa pureté.

Nous dirons avec M$^{me}$ de Sévigné que Racine avait bien de l'esprit. Il est si doux de le prouver qu'on se met sans le vouloir en quête de phrases ingénieuses, et qu'on défigure sa pensée pour la parer. Les mots simples comme les mots vulgaires expriment des détails qu'eux seuls peuvent exprimer. Il y a une certaine recherche dans Phèdre :

Est ardelionum quædam Romæ natio,
Trepide concursans, occupata in otio,
Gratis anhelans, multum agendo nihil agens,
Sibi molesta, atque aliis odiossima. (II, 5.)

Ces heureuses antithèses font l'éloge de l'écrivain. La Fontaine dit bonnement la chose.

Ainsi certaines gens qui font les empressés
S'introduisent dans les affaires.
Ils font partout les nécessaires,
Et partout importuns devraient être chassés.

Il y a même de l'affectation dans ces abstractions de Phèdre qui agissent comme des personnes.

Sic quod multorum fugerat imprudentiam,
Unius hominis reperit solertia. (IV, 5.)

Je ne sache pas que La Fontaine ait jamais voulu faire une phrase symétrique.

Le peuple s'étonna comme il se pouvait faire
Qu'un homme seul eût plus de sens
Qu'une multitude de gens.

Phèdre combine des sentences et lime des périodes :

Humiles laborant, ubi potentes dissident. (I, 29.)

Cet enchaînement des mots donne à la phrase une régularité qui n'est pas dans la nature. Les objets ne sont pas taillés ainsi en angles saillants, en formes géométriques. Une phrase ainsi opposée à elle-même, mot à mot, membre à membre, ressemble trop à une équation. La nature a des formes moins rigoureusement savantes, moins uniformément calculées. Il faut pour l'imiter avoir plus d'abandon.

Hélas! on voit que de tout temps
Les petits ont pâti des sottises des grands.

La Fontaine eût dit volontiers comme Henriette :

J'aime à vivre aisément, et dans tout ce qu'on dit
Il faut se trop peiner pour avoir de l'esprit.
C'est une ambition que je n'ai pas en tête.
Je me trouve fort bien, ma mère, d'être bête,
Et j'aime mieux n'avoir que de communs propos
Que de me tourmenter à dire de beaux mots.

Par la même raison, il évite les inversions poétiques. En déplaçant quelques épithètes, sa fable se trouverait écrite en prose. Il ne change rien à l'ordre naturel, non plus qu'aux tournures simples. La prose et la conversation n'ont pas d'inversions. Les poètes n'en font que pour obéir à la mesure ou pour être solennels. Or, La Fontaine est assez poète pour commander à la mesure, et il aime trop le vrai pour être solennel à contre-temps. — De métaphores, peu ou point, si ce n'est les figures du langage rustique; partout l'expression naturelle et primitive. Ce n'est pas un écrivain qu'on écoute, encore bien moins un poète, c'est un homme. Quintilien avait déjà remarqué que cette sobriété d'expression est le propre des littératures parfaites. Quand on commence à embellir sa phrase, à chercher des alliances de mots, à mettre dans un sujet plus d'esprit, d'imagination et d'éloquence qu'il n'en peut porter, le mauvais goût arrive et la littérature va déchoir.

Ne croyons pas cependant qu'un poète naturel ne

connaisse que les mots familiers et les tournures simples. Le propre de la nature est d'être variée à l'infini, sans cesse opposée à elle-même, à la fois sublime et naïve; quand on cesse un instant de considérer les petits mouvements d'un insecte ou d'une plante, on voit autour de soi les paysages profonds, et sur sa tête le ciel immense. La Fontaine en six vers joint aux mots magnifiques d'un lyrique le ton plaisant d'un conteur.

Vouloir tromper le ciel est folie à la terre.
Le dédale des cœurs dans ses détours n'enserre
Rien qui ne soit d'abord éclairé par les dieux...

Un païen qui sentait quelque peu le fagot,
Et qui croyait en Dieu, pour user de ce mot,
　　Par bénéfice d'inventaire,
　　Alla consulter Apollon. (IV, 19.)

Au reste il a rassemblé exprès les contrastes de son talent, en se traduisant en prose, et en raillant un peu la poésie qui l'enchante. Il s'est plu à tomber du ciel en terre, et à prendre le langage d'un marchand, après celui de Virgile :

C'est du séjour des dieux que les abeilles viennent.
Les premières, dit-on, s'en allèrent loger
　　Au mont Hymette et se gorger
Des trésors qu'en ces lieux les zéphyrs entretiennent.
Quand on eut du palais de ces filles du ciel
Enlevé l'ambroisie en leurs chambres enclose,
　　Ou, pour dire en français la chose,
　　Après que les ruches sans miel
N'eurent plus que la cire, on fit mainte bougie. (IX, 12.)

Ce mélange d'ironie, de familiarité, de grâce et d'enthousiasme, ne s'est jamais rencontré que dans Platon.

Les écrivains du siècle sont soutenus; ils gardent le même ton, noble ou plaisant. Ils sont partout d'accord avec eux-mêmes, parce qu'ils sont raisonnables. La Fontaine est cet être « ailé, léger, sacré, papillon du Parnasse », dont le vol capricieux monte et descend au gré de son imagination mobile. Il a plié la phrase comme l'idée; il a retrouvé les coupes de Ronsard proscrites par Boileau. Il a laissé tomber son vers, sans s'inquiéter de le briser.

> Voyez... quelles rencontres dans la vie
> Le sort cause! (VIII, 26.)

> Comme vous êtes roi, vous ne considérez
> Qui ni quoi. (V, 18.)

> Et si j'eusse eu pour maître
> Un serpent, eût-il su jamais pousser si loin
> L'ingratitude? (X, 2.)

C'est la liberté et la hardiesse de la conversation familière. Quand nous causons entre nous, tous les moyens nous sont bons pour mettre en lumière notre idée principale : nous rompons brusquement l'équilibre de la phrase, nous élevons la voix tout d'un coup; à tout prix nous mettons en relief le mot important, et La Fontaine fait comme nous.

> On écorche, on taille, on démembre
> Messire loup. (VIII, 3.)

> Les derniers traits de l'ombre empêchent qu'il ne voie
> Le filet. (VIII, 22.)

Sans doute la régularité des mesures et le retour périodique des rimes relient toutes les parties de la phrase et leur donnent cet enchaînement qui est le propre des œuvres d'art. En cela la poésie est supérieure à la prose. Mais il ne faut pas que cette unité supprime la variété, ni que cette harmonie dégénère en monotonie. L'alexandrin français a fini par communiquer à la pensée une uniformité insupportable. Pour le renouveler on a été obligé de l'assouplir, et il a fallu, à l'exemple de La Fontaine, violer un peu les règles saintes des césures et des rejets.

Ce n'était pas assez, et si la fable n'eût employé qu'un seul mètre, elle eût perdu la moitié de sa vérité et de son agrément : car l'alexandrin a beau s'humaniser, il garde toujours un air solennel ; douze syllabes sont un trop long vêtement pour une pensée légère et folâtre. Elle s'embarrasse dans les plis de ce manteau magnifique et ne peut marcher que d'un air sérieux et compassé. Si gracieux et si naturel que soit La Fontaine, ses poèmes *d'Adonis*, de *Philémon et de Baucis*, ont quelque chose de monotone. Les idées semblent s'aligner avec les vers comme des soldats à la parade. Sous cette discipline des sons et de la mesure, elles perdent leur mouvement spontané et leur liberté native. L'effet est aussi malheureux quand les vers sont petits. La pensée court sans pouvoir s'arrêter sur les idées principales. Les rimes qui reviennent à courts intervalles, pressées, étourdissantes, comme le bruit d'une roue qui tourne, entraînent l'esprit avec l'oreille, et on arrive au bout de la pièce sans avoir rien remarqué. Plusieurs fables, *Jupiter et les tonnerres, les Vautours et les Pigeons, le Rat de ville et le Rat de champ*, prouvent que le mètre eût fait échouer la pensée, et que le génie ne peut rien contre la nature des choses. Qu'on réserve l'alexandrin pour le drame et la tragédie, à la bonne heure : les personnages parlent d'un ton sérieux et soutenu. Qu'on garde les petits vers pour la poésie légère : la pensée vole alors aussi légèrement qu'eux. Mais dans les fables, où les pensées sérieuses et gaies, tendres et plaisantes, à chaque instant, se mêlent, nous voulons des vers de mesures différentes et des rimes croisées.

Il faut pourtant que cette variété et cet entrecroisement ne soient pas symétriques ; sans quoi, la fable prend l'air d'une ode ou d'une chanson.

Un corbel si était
En un arbre mangeait
Un petit de fromage,
Renard l'a avisé,
Qui tôt fut apensé,
De faire lui dommage.
Dit renard : Par ma fai,

En tout ce mont ne sai
Nulle si belle bête,
Comme vous, dom Corbel,
Car fussé je si bel
Et de corps et de tête.

(Robert III, Isopet, 2, fable 26.)

Ces deux strophes prouvent assez combien il est dangereux d'accepter un rhythme trop musical. On voudrait chanter cette fable, et on oublie les idées pour la mélodie. Dans La Fontaine, le chant du vers n'efface pas l'idée, il la traduit ; il n'en écarte pas l'esprit, il l'y applique. Il s'allonge, il s'accourcit, il tombe, il court, il s'arrête, selon tous les mouvements de l'âme. Ici ses courtes mesures et ses rimes symétriques sont pleines de gaîté.

> Un mort s'en allait tristement
> S'emparer de son dernier gîte;
> Un curé s'en allait gaîment
> Enterrer ce mort au plus vite.

On dirait à entendre ces vers que le bonhomme fredonne une chanson entre ses dents. Ecoutez maintenant ces rimes accumulées et ces sons pressés qui expriment la volubilité et la loquacité. C'est comme le babil joyeux des cloches argentines, tintant et gazouillant un jour de Noël.

> Le pasteur était à côté
> Et récitait à l'ordinaire
> Maintes dévotes oraisons,
> Et des psaumes et des leçons,
> Et des versets et des répons,
> Monsieur le mort, laissez-nous faire,
> On vous en donnera de toutes les façons.

La multitude des rimes rapprochées étourdit le lecteur et l'accable sous le bruit, en même temps qu'elle oppresse son imagination sous les images, et agrandit l'objet décrit.

> Un rat des plus petits voyait un éléphant
> Des plus gros, et raillait le marcher un peu lent
> De la bête de haut parage,
> Qui marchait à gros équipage.
> Sur l'animal à triple étage,
> Une sultane de renom,
> Son chien, son chat, et sa guenon,

Son perroquet, sa vieille et toute sa maison
S'en allaient en pèlerinage.

Nous ne voulons pas défendre ici les théories de Delille et l'harmonie imitative. La vérité pourtant est que les grands poètes seuls savent mettre d'accord l'expression et l'idée, la sensation et le sentiment. Ce long vers qui tombe sur un son étouffé ne peint-il pas à l'oreille la chute sourde du pesant sanglier :

De la force du coup pourtant il s'abattit.

J'aime mieux cependant considérer dans cette fable le mélange des mètres, remarquer les graves alexandrins employés à représenter les événements et les idées graves, puis deux petits vers au milieu d'une longue période choisis pour peindre un petit animal.

Cependant un sanglier, monstre énorme et superbe,
Tente encor notre archer, friand de tels morceaux,
Autre habitant du Styx; la Parque et ses ciseaux
Avec peine y mordaient; la déesse infernale
Reprit à plusieurs fois l'heure au monstre fatale.
De la force du coup pourtant il s'abattit.
C'était assez de biens; mais quoi! rien ne remplit
Les vastes appétits d'un faiseur de conquêtes.
Dans le temps que le porc revient à soi, l'archer
Voit le long d'un sillon une perdrix marcher,
Surcroît chétif aux autres têtes.
De son arc toutefois il bande les ressorts.
Le sanglier, rappelant les restes de sa vie,
Vient sur lui, le découd, meurt vengé sur son corps,
Et la perdrix le remercie. (VIII, 26.)

Nous dirions bien encore que la difficulté est exprimée dans cette coupe pénible et dans cette suspension lourde :

> La Parque et ses ciseaux
> Avec peine y mordaient;

qu'un peu plus loin le vers interrompu laisse l'esprit dans l'attente :

> Dans le temps que le porc revient à soi, l'archer...

Mais cette critique pourra sembler minutieuse. Elle est vraie pourtant. L'idée périt si le vers ne se modèle pas sur elle. L'âme veut, pour subsister, un corps choisi pour la recevoir. Elle languit et s'altère avec lui ; elle a besoin de sa perfection et de sa santé ; et nous, qui la contemplons, nous avons beau nous attacher aux choses spirituelles, nous ne pouvons nous détacher des choses corporelles. Il faut que nos sens soient émus pour que notre âme soit émue. Il faut que la rapidité et la légèreté des sons nous égaient pour que la légèreté et la rapidité des idées nous amusent. Le critique, comme le philosophe, doit toujours se souvenir qu'il a un corps.

## § 2. — DE L'EXPRESSION CHOISIE.

Ces mots si particuliers, ces tournures si simples, ce mètre si varié, cette exacte imitation de la nature, n'ôtent pas au style la liaison et l'unité qui rendent l'art supérieur à la nature. Le génie de La Fontaine est l'alliance perpétuelle de ces deux talents opposés.

Patru aurait voulu qu'il ne mît pas ses fables en vers ;

et Lessing plus tard écrivit les siennes en prose, prétendant ramener l'apologue à son expression naturelle. L'un trouvait que la brièveté est le principal ornement du conte, et que les vers le gâtent en l'allongeant. L'autre décidait que l'enseignement est l'unique but de la fable, et que les vers l'altèrent en l'embellissant. Il est heureux que La Fontaine ait négligé les avis de Patru et mérité les reproches de Lessing. Ses vers ont le naturel de la prose, et pourtant ont le mérite des vers. Le mètre ne se remarque pas, il se sent. Ce sont des liens lâches et flexibles, mais ce sont des liens. A travers toutes les ondulations du rhythme, il se conserve une mesure régulière qui garde une symétrie obscure, et aide la pensée à relier ses fragments épars. La répétition des rimes est une musique sourde, qui rappelle à l'esprit par la ressemblance des sons la ressemblance des idées, et simule par une union physique leur union morale. On joint involontairement l'idée présente à l'idée ancienne, en joignant la rime prononcée à la rime qu'on prononce. Ajoutez enfin que cette mesure et cette mélodie peu sensible, mais perpétuelle, laissent, parmi toutes ces émotions diverses, une émotion unique qui est très douce, l'émotion musicale et poétique; de même que, sous les bruits et les sons toujours changeants de la campagne, court un long et doux murmure qui calme et charme notre âme et que nous n'apercevons pas.

Mais cette vague liaison devient, quand il le faut, un enchaînement rigide, et ces vers si libres, qui semblent courir à la débandade, se disciplinent, au souffle d'une pensée éloquente, en groupes serrés de solides périodes. La construction grammaticale devient rigoureuse comme celle d'un discours d'orateur, et les vers s'ordonnent suivant une loi fixe, pour ajouter leur symétrie à son unité.

Craignez, Romains, craignez que le Ciel quelque jour
Ne transporte chez vous les pleurs et la misère;
Et, mettant en nos mains par un juste retour
Les armes dont se sert sa vengeance sévère,
  Il ne vous fasse en sa colère
  Nos esclaves à votre tour.

Voilà la grande phrase oratoire, la période parfaite, et son cortége de propositions incidentes, enfermées les unes dans les autres, dont toutes les parties se tiennent comme les membres d'un corps vivant, et qui se porte d'un seul mouvement avec toute cette masse pour frapper un coup décisif. Mais l'enchaînement des vers n'est pas moins étroit. A l'extérieur, les rimes peuvent se détacher de celles qui précèdent et qui suivent, comme la phrase peut se séparer de celles qui l'entourent, comme la pensée peut se mettre à part de celles qui lui sont jointes; et la musique, la grammaire et la logique sont d'accord pour en former un tout distinct. A l'intérieur, les deux premières rimes appellent toutes les autres. Toutes s'opposent trois par trois à intervalles symétriques, et si la symétrie manque à la dernière, c'est pour finir la phrase par un son plus plein et plus viril; les mètres se disposent en deux rangées séparées et régulières, et la période est une strophe. D'où il suit que les sons s'appellent comme les idées et comme les phrases;

la logique, la grammaire et la musique s'accordent pour former un tout indissoluble. Elles en organisent le dedans, après l'avoir distingué du dehors.

Montrons encore la perfection du mètre dans une fable où nous avons montré la perfection de la composition. On en conclura que les mérites divers ne sont pas épars dans l'ouvrage, mais qu'ils sont tous rassemblés sur sous les points.

Il dit que du labeur des ans
Pour nous seuls il portait les soins les plus pesants,
Parcourant sans cesser le long cercle de peines
Qui, revenant sur soi, ramenait dans les plaines
Ce que Cérès nous donne et vend aux animaux;
Que cette suite de travaux
Pour récompense avait, de tous tant que nous sommes,
Force coups, peu de gré; puis quand il était vieux
On croyait l'honorer chaque fois que les hommes
Achetaient de son sang l'indulgence des dieux.

La période ici sans se briser est devenue un discours entier. A l'extérieur elle est fermée et les rimes n'en demandent pas d'autres qui les complètent. A l'intérieur, le second argument se distingue du premier par un changement subit du mètre, et s'y unit par une rime commune; et comme la gravité passionnée croît sans cesse, il se déploie en un double distique croisé, dont les longues mesures et les rimes alternatives captivent l'oreille et maîtrisent l'âme. Le vers tombe comme un chant solennel, avec l'austérité d'une sentence et la force d'une malédiction. Qu'on supprime cette unité musicale, en laissant l'unité grammaticale et l'unité logique, on verra ce que la première fournit aux autres.

« Il dit qu'il portait pour nous seuls les fruits les plus pesants du labeur des années; parcourant sans s'arrêter ce long cercle de peines qui ramène dans nos champs, en revenant sur soi, ce que Cérès nous donne et vend aux animaux; que cette suite de fatigues avait de tous tant que nous sommes pour récompense force coups, peu de gré; puis, que, quand il était vieux, on croyait l'honorer toutes les fois que les hommes achetaient l'indulgence des dieux au prix de son sang. »

Il fallait faire ainsi « le peseur de syllabes et le regratteur » de consonnes, et se hasarder jusqu'à la critique de Batteux et de Denys d'Halicarnasse pour montrer que l'instinct du bonhomme est aussi savant que la réflexion du philosophe.

---

## CHAPITRE V.

### DU POÈTE.

Parmi toutes ces actions et tous ces caractères, il est un personnage qui, sans s'en douter, donne en spectacle son caractère et ses actions : c'est le poète. Les êtres et les événements poétiques, nés dans sa pensée, en reçoivent la marque, et la produisent au jour en se produisant eux-mêmes. En faisant le portrait des autres, il fait son propre portrait.

### § 1. — DU NATUREL.

Il y a là un danger pour la poésie. Parfois il arrive que l'homme efface le poète. L'artiste peut laisser de soi une trop forte empreinte dans ce monde qu'il fait éclore. Si son caractère est trop déterminé, il ne peindra que lui-même; si ses idées s'attachent partout au même objet, si ses passions coulent toutes dans le même sens, si sa volonté frappe toujours le même but, il sera orateur, mais non poète. L'âme du poète doit être molle et flexible, capable de recevoir en un instant les émotions les plus contraires, de devenir tour à tour les personnages les plus divers, et d'imiter la nature, qui renferme et concilie toutes les oppositions. L'imagination qui n'est que vive et forte crée un personnage unique, qu'elle répète cent fois et qui n'est qu'éloquent. L'imagination poétique crée un monde.

Elle le crée spontanément. On n'est pas poète par calcul, avec réflexion, à ses heures. La poésie n'est point un métier auquel on donne une partie de sa vie en réservant l'autre. Elle naît librement, en toutes circonstances, par le simple contact de l'esprit et des choses, comme une eau vive qui jaillit dès qu'elle trouve une issue. Entretiens, lectures, observations fortuites, aspect de la ville, de la campagne et de la cour, des autres et de soi-même, tout la fait naître. Elle est toujours toute prête dans le cerveau du poète. Le moindre accident suffit pour l'en faire sortir. Une fois échappée, elle se développe sans contrainte, ouvrant sa trame flexible aux idées étrangères qui l'accompagnent, confidente de l'écrivain, qui, par elle, vit à cœur ouvert devant le lecteur.

Cette fécondité et cette liberté de l'invention sont ce qu'on nomme le *naturel*, car telle est la manière d'agir de la nature (1). Elle produit tout, le bien, le mal, et toujours les contraires, sans préférer l'un à l'autre,

(1) Nous entendons par nature l'ensemble des lois mécaniques, physiques, organiques, psychologiques, qui produisent et ordonnent les phénomènes du monde.

impartiale, indifférente, ou plutôt amie de tous, et, comme disent les anciens, mère et nourrice des choses, incessamment occupée à conduire à la lumière et à garder sous la lumière les vivants de toute espèce et de tout degré.

> Pandentemque sinus, et tota veste vocantem
> Cæruleum in gremium latebrosaque flumina *natos*.

Et elle crée, selon des lois aveugles, avec une sorte d'instinct, poussée en avant par une force irréfléchie, non comme un géomètre qui combine, mais comme une plante qui se développe, et qui, sans choix ni volonté, s'épanouit en feuilles et en fruits.

Tel est La Fontaine. Il est naturel, parce qu'il fait son œuvre sans calcul, et n'exclut aucun sentiment de son œuvre; parce qu'il et spontané et universel.

I. On va voir ce mouvement spontané dans la naissance de la fable et dans son développement.

Un homme rentre chez lui le soir, cause avec ses amis, et s'amuse à leur peindre les gens qu'il a vus, les caractères qu'il a observés, les traits de mœurs qui l'ont frappé. Il ne cherche point ses idées, il les trouve; elles sont nées d'elles-mêmes, par la seule présence des objets. Voilà l'origine des fables de La Fontaine. Chacune d'elles est le récit d'une journée. Il a vu tout à l'heure les originaux qu'il copie. Ce sont les personnages de son temps, roi, clergé, seigneurs, bourgeois, paysans. Ils sont à côté de lui, il vient de les quitter dans la rue, il les désigne du doigt:

Je connais maint detteur qui n'est ni souris chauve,
Ni buisson, ni plongeon dans un tel cas tombé,
Mais simple grand seigneur, qui tous les jours se sauve
Par un escalier dérobé.

Phèdre compose de dessein délibéré, avec des réflexions philosophiques, enfermé dans son cabinet, et sa morale s'applique à tous les hommes.

« Le faible qui veut imiter le puissant périt. » (I, 24.) La Fontaine vient de la cour ou de la ville, raconte sans songer ce qu'il a vu, et sa morale s'applique aux contemporains.

Tout bourgeois veut bâtir comme les grands seigneurs,
Tout petit prince a des ambassadeurs,
Tout marquis veut avoir des pages. (I, 3.)

Sa fable naît si naturellement du spectacle des caractères, qu'il s'interrompt pour les commenter (VIII, 14). Il n'a pas cessé de les voir, tout déguisés qu'ils sont. Sa fiction continue l'observation, et son apologue est une histoire. — Quelquefois la fable naît d'une autre fable, et on retrouve jusque dans les vers la trace de la transition. Tantôt elle est suggérée par une conversation : « il la tient du roi polonais ». (VI et IX, 10.) Tantôt elle vient d'une observation d'histoire ; il distingue l'orgueil espagnol de l'orgueil français, et la dissertation se change en apologue. Tantôt c'est un retour sur soi-même et une confidence qu'il nous fait. Il a réfléchi sur son mariage, il conclut au célibat, et la fin de sa méditation est une fable. Mme de la Sablière le nommait son fablier. En effet, ses récits naissent comme les plantes, au hasard, dans tous les terrains, partout où leurs graines dispersées trouvent un sol pour germer, poussés par un besoin intérieur de vivre et de fleurir. Ils se développent de même. Car comment vit une plante? Elle s'incorpore les substances qui l'entourent, et transforme l'eau qui baigne ses pieds, et l'air que sa tête respire, en fleurs et en feuilles. Ainsi fait la fable naturelle; tout y entre. Elle s'unit les pensées qui vivent à côté d'elle dans le cerveau du poète, elle les mêle à son tissu; elle devient ainsi le journal de ses confidences, le recueil de ses doctrines. Elle reçoit ses théories les plus élevées et ses sentiments les plus intimes. Elle est une conversation de l'auteur et du lecteur. La Fontaine (VII, 18) se fait philosophe dans l'exorde, et expose la théorie que donnera Malebranche sur les erreurs des sens. Il est politique dans la conclusion, souhaite à la France le sort de l'Angleterre, et conseille au roi la paix. Ailleurs il est grammairien et ouvre son drame par une dissertation d'antiquaire.

Tel, comme dit Merlin, cuide engeigner autrui
    Qui souvent s'engeigne lui-même.
J'ai regret que ce mot soit trop vieux aujourd'hui :
Il m'a toujours semblé d'une énergie extrême. (IV, 11.)

Il juge devant nous les auteurs, et nous fait part de ses doutes. Il nous adresse la parole et nous demande notre avis.

Qui des deux aimait mieux? que t'en semble, lecteur?
Cette difficulté vaut bien qu'on la propose. (VIII, 9.)

Il donne le sien, et dit ce qu'il eût fait à la place de ses personnages. Une souris tombe du bec d'un chat-huant.

« Il ne l'eût pas ramassée. » Il pense tout haut devant nous. Il est toujours en scène, et son moi joue partout un rôle. Sa philosophie prend sans cesse un ton personnel. Ce n'est pas une idée qui parle à une autre idée, mais un homme qui converse avec des hommes. A défaut d'autres, il se prend pour preuve, et s'applique sa morale.

> Moi-même,
> Au moment où je fais cette moralité,
> Si Peau d'âne m'était conté,
> J'y prendrais un plaisir extrême.

La fable amène ainsi partout des apostrophes, des réflexions, des souvenirs, des souhaits, des aveux, avec une abondance et une variété admirables, sans effort, par la simple liaison des idées. Ce sont autant de ruisseaux qui y affluent, qu'elle ne repousse pas, mais qu'elle ne va pas chercher. Le lecteur glisse comme sur une eau tranquille et rapide, sans en sentir le mouvement, et ne s'aperçoit du chemin qu'il parcourt que par la diversité des objets qui lui sont offerts. La Fontaine est le plus aimable des poëtes, parce que le cours sinueux de sa pensée est toujours aisé et paisible. Ce doux mouvement se communique à la nôtre, et nous nous sentons heureux : car qu'est-ce que le bonheur, sinon l'action tranquille et facile ? La Fontaine s'est pris lui-même à ce plaisir ; avec cette exagération aimable qui convient aux hommes d'imagination, il demande « des autels » pour l'inventeur de l'apologue, et l'attribuerait volontiers aux dieux mêmes. Son esprit était sous « le charme » ; il habitait bien loin du monde, parmi ses chers fantômes. Il fut l'homme le plus distrait du siècle. Occupé à suivre les sons légers de cette musique intérieure, il laissait aller sans s'en soucier les gens et les choses. Quand nous pensons à ces vers si gracieux et si aisés qui lui viennent à propos de tout et qu'il aime tant, à ce doux bruit dont il s'enchante, et qui lui fait oublier affaires, famille, conversation, ambition, nous le trouvons semblable aux cigales de Phèdre :

« On dit que les cigales étaient des hommes avant que les Muses naquissent. Lorsqu'elles naquirent et que le chant parut, il y eut des hommes si transportés de plaisir, qu'en chantant ils oublièrent de manger et de boire, et moururent sans s'en apercevoir. C'est d'eux que naquit la race des cigales, et elles ont reçu ce don des Muses, de n'avoir plus besoin de nourriture sitôt qu'elles sont nées, mais de chanter dès ce moment, sans manger ni boire jusqu'à ce qu'elles meurent. Ensuite elles vont annoncer aux Muses quels hommes ici les honorent. »

On voudrait être Grec, pour croire que telle est aujourd'hui la destinée de La Fontaine.

II. Il reste à voir si la fable est aussi libre et aussi complète qu'elle est facile et spontanée.

Cela est bien difficile à un moraliste. Cela répugne même à son rôle. Car la loi morale restreint notre liberté pour la régler, et retranche de nos sentiments pour les épurer. Mais si La Fontaine est un précepteur de mœurs, il n'est ni bien conséquent, ni bien austère.

Ses fables présentent le monde comme il va, disant le bien, le mal, et, pareil à Babouc, il prend le tout en patience, concluant avec Voltaire qu'il faut rire, et qu'on ne doit pas casser la jolie statue parce qu'avec ses métaux précieux elle renferme de l'argile et de la boue. Il se contente souvent de décrire les choses ; il dit ce qui est, non ce qui doit être. Il nous donne le spectacle du monde réel, sans souhaiter ou louer un monde plus juste. Il montre les faibles opprimés, sans leur laisser espoir de secours ou de vengeance ; quelquefois même il se moque un peu de leur mésaventure. Son chien fait des raisonnements fort exacts ; mais, « n'étant qu'un simple chien », on trouve qu'ils ne valent rien, « et l'on sangle le pauvre drille ». Il peint les sots dupés par les fripons, et son renard a le beau rôle. Il ne s'indigne pas beaucoup, et n'essaie pas de punir les méchants et de récompenser les bons. Il ne s'inquiète que de conter, comme la nature que de produire. Il représente les lois nécessaires, sans s'efforcer de les changer. Lessing suppose que le fromage est empoisonné, et que le renard meurt, châtié par son vol même. La Fontaine n'altère pas l'ordre naturel, et chez lui, comme ailleurs, les fripons sont honorés et contents. Jean-Jacques disait fort bien qu'il prend souvent pour héros les bêtes de proie, et qu'en faisant rire aux dépens du volé, il fait admirer le voleur.

Aussi ses maximes n'ont-elles rien d'héroïque. Ses plus généreuses sont d'obéir et de se résigner. Il n'eût jamais été un Alceste. Je ne sais même s'il eût été un Philinte. Il conseille bien crûment la flatterie, et la flatterie basse. Le cerf met au rang des dieux la reine « qui avait jadis étranglé sa femme et son fils », et la célèbre en poète officiel. Écoutons maintenant la conclusion de La Fontaine.

> Amusez les rois par des songes ;
> Flattez-les, payez-les d'agréables mensonges :
> Quelque indignation dont leur cœur soit rempli,
> Ils goberont l'appât ; vous serez leur ami.

Il approuve la perfidie, et quand le tour est utile ou bien joué, il oublie que c'est un guet-apens : « un sage » poursuivi par un fou le flatte de belles paroles menteuses, et tout doucereusement le fait « échiner et assommer ». La Fontaine trouve l'invention bonne, et nous conseille de la pratiquer. Enfin, chose admirable, il loue la trahison politique :

> Le sage dit, selon les gens :
> Vive le roi! Vive la Ligue! (VIII, 14.)

Il y a dans Gœthe une ode magnifique où le poète compare la nature, soumise aux lois nécessaires, à l'homme, guidé par les lois morales. Le soleil luit indifféremment sur le méchant et sur l'homme de bien, et la tempête renverse les moissons du juste comme celles du coupable. Ainsi qu'une mère aveugle, la nature nourrit et frappe l'un et l'autre, également et au hasard. Le noble cœur de l'homme seul comprend la justice, renverse cette égalité inégale, et donne à chacun selon ses œuvres. La Fontaine est sur ce point aussi libre, aussi indifférent, je dirai presque aussi immoral que la nature.

Il est comme elle rempli de contradictions. Ses maximes se démentent les unes les autres. C'est la réflexion savante qui ordonne nos pensées, et ôte de l'édifice ce qui pourrait le renverser. Le jugement naturel et instinctif, qui se laisse aller à sa pente, qui ne se retient pas, qui ne cherche pas à se mettre d'accord avec lui-même, ondule à travers toutes les oppositions et vit des contrariétés où il s'embarrasse. Ici La Fontaine se moque des savants, « pauvres bêtes » qui se laissent choir dans un puits en regardant les astres. — Ailleurs il loue cette vie philosophique qui est un paradoxe à la foule, et de la meilleure foi du monde s'indigne contre l'impertinence des jugements populaires.

Que j'ai toujours haï les pensers du vulgaire !
Qu'il me semble profane, injuste, téméraire,
Mettant de faux milieux entre la chose et lui,
Et mesurant par soi ce qu'il voit sur autrui ! (VIII, 26.)

Il nous montre partout les puissants heureux, respectés, sans que jamais « on approfondisse leurs moins pardonnables offenses » ; le tigre, l'ours, et jusqu'aux simples mâtins sont sauvés aux dépens de l'âne. Un peu plus loin les grands pâtiront pour les petits. La populace se sauve dans les moindres creux, et la principale « jonchée » est celle des principaux rats. — Il réprimande le bouc qui à l'aventure est descendu dans un puits. Car « en toute chose il faut considérer la fin ». Un peu pl[illegible] loin :

Fortune aveugle suit aveugle hardiesse.
Le sage quelquefois fait bien d'exécuter
Avant que de donner le temps à la sagesse
D'envisager le fait, et sans la consulter. (X, 14.)

Quelquefois ! Voilà le grand mot. « Il n'y a pas de principes, a dit un diplomate, il n'y a que des circonstances. » Et les proverbes donnent raison à l'inventeur de cette loi qui détruit toute loi. La sagesse instinctive et naturelle n'a pas trouvé une maxime sans mettre à côté la maxime opposée, et les préceptes populaires sont vrais parce qu'ils se contredisent. La Fontaine est de l'avis des nations et du diplomate; si un peu plus loin il ajoute :

> Plus fait douceur que violence,

il n'oublie pas que toute règle se dément, que pour gagner les esprits « il faut se servir de ses rets », que « la puissance fait tout ». Voilà l'imitation vraie de la nature. Elle est contraire au système qui la resserre dans les bornes de la raison, comme à la morale qui la resserre dans les bornes de la justice. Moins régulière que l'un et moins pure que l'autre, elle est plus large que tous les deux, parce qu'elle n'a d'autre loi que de se développer sous toutes les formes et de s'abandonner à son instinct créateur. Le poète, qui l'imite, aime tout comme elle, aime tous les sentiments qu'il ressent, aime tout ce qu'il y a dans l'âme humaine, et se laisse vivre tout entier, comme un arbre qui ouvre de tous côtés ses feuilles sans que la sève veuille se retirer d'un seul de ses bourgeons.

Que reste-t-il pour règle de la vie, parmi ces contradictions des doctrines, et dans ce relâchement de la morale ? La philosophie d'Épicure. Écoutez cette invocation et ces aveux :

> Volupté! volupté! toi qui fus la maîtresse
> Du plus bel esprit de la Grèce,

Ne me dédaigne pas; viens-t'en loger chez moi.
Tu n'y seras pas sans emploi :
J'aime le jeu, les vers, les livres, la musique,
La ville, la campagne, enfin tout. Il n'est rien
Qui ne me soit souverain bien,
Jusqu'aux sombres plaisirs d'un cœur mélancolique.
(*Psyché.*)

Aussi un seul conseil domine dans les fables : jouissez, suivez la voix de la nature, qui vous crie de mettre à profit cette courte vie, et de cueillir en tous lieux et toujours tout ce que vous rencontrerez de joie. A-t-on jamais prêché la vertu avec plus de zèle que La Fontaine le plaisir ? Il s'indigne presque contre celui qui ne veut pas « suivre ses leçons ».

L'homme, sourd à ma voix comme à celle du sage,
Ne dira-t-il jamais : C'est assez, jouissons?
Hâte-toi, mon ami, tu n'as pas tant à vivre;
Je te rabats ce mot, car il vaut tout un livre.
Jouis. — Je le ferai. — Mais quand donc? — Dès demain.
— Eh! mon ami, la mort peut te prendre en chemin!

Étranges sentiments dans un siècle chrétien! Il faut avouer que La Fontaine semble contemporain d'Horace. Il eût dit volontiers comme lui :

« Mets à profit tous les jours que le sort t'accordera; ne méprise pas, enfant, les douces amours, ni les danses. (IX.) — Il faudra quitter la terre, cette maison, ton aimable épouse; et de tous les arbres que tu cultives, nul, si ce n'est l'odieux cyprès, ne suivra son maître éphémère. » (XIV.)

Il parle de la mort en païen; il voudrait comme Lucrèce qu'on sortît de la vie « ainsi que d'un banquet, en remerciant son hôte ». C'est le ton d'un homme persuadé que tout finit avec la vie et le plaisir. Certes il n'a jamais fait profession d'impiété. Mais il est l'ami des libertins du temps, qui continuent le paganisme sensuel du XVIe siècle, et préparent le scepticisme épicurien du XVIIIe. Il fut le convive trop familier du grand prieur et de Chaulieu, et raconta en jolis vers à Vendôme ces soupers « où la blonde aurore » le trouvait encore à table. — Le même instinct qui invite la nature à être libre et à jouir la révolte contre ce qui gêne sa liberté et son plaisir. Les épicuriens du siècle étaient des incrédules ; La Fontaine ne l'était pas, mais quelquefois parlait comme s'il l'eût été. On sait du reste que l'auteur des contes a peu respecté le clergé. Il en fit plus tard amende honorable, et déclara son livre « infâme et scandaleux pour tous gens de bien ». Mais les fables elles-mêmes, « dont la jeunesse, dit le privilége, avait reçu beaucoup de fruit dans son instruction », sont quelquefois sœurs des contes. Tantôt c'est toute une satire, comme le curé Chouart, ou le rat retiré du monde ; tantôt un trait léger jeté en passant :

> Il en coûte à qui vous réclame,
> Médecins du corps et de l'âme ! (XII, 6.)

Il voit dans une église une peinture de la Madeleine, et cette beauté opulente lui suggère les plus naïves et les plus singulières réflexions. Le plaisant est qu'il les écrit à sa femme. (*Voyage à Poitiers.*)

Les moralistes mettent le respect des lois et de l'autorité établie parmi les prescriptions de la morale.

Aussi La Fontaine est-il dans l'opposition; il attaque le gouvernement civil aussi naturellement que la discipline religieuse. On sait avec quelle irrévérence il parle du roi lion. Il est vrai que cela n'est ni volontaire ni calculé, et qu'il copie simplement le modèle qu'il a sous les yeux. Au fond pourtant, il est, sans s'en douter, le plus hardi frondeur du siècle. Molière, Labruyère et Boileau se sont couverts du monarque pour railler le reste. La Fontaine ouvre la galerie des ridicules par le portrait du roi.

Il semble particulièrement se plaire à ceux des grands. Ce n'est pas assez pour lui de les décrire tout au long; il trouve le loisir de lancer en passant des traits contre les nobles « mangeurs de gens », contre « les voleureaux » qui font les voleurs, contre les seigneurs qui ont belle tête, mais point de cervelle, « ou qui n'ont que l'habit pour tout talent ». On croirait écouter un bourgeois ou un paysan révolté, si l'on ne savait qu'il se moque également de la bourgeoisie et du peuple. Il n'a pas de parti pris. Il n'est d'aucune secte en religion, ni d'aucune classe en politique. Une seule chose lui déplaît partout, c'est la *règle*, parce que la règle empêche le facile et entier développement de sa nature. Il s'en affranchit partout, mais simplement, bonnement, sans effort ni colère, sans raisonnement ni système, mais par instinct, comme un homme à demi assoupi, qui, tout en se laissant aller au sommeil, s'arrange pour dormir de la manière la plus commode, et écarte tout ce qui pourrait le gêner.

D'abord le mariage. Il était marié et eût aussi bien

fait de ne pas l'être. Il oublia souvent qu'il l'était, et par exemple dans ces vers :

> Que le bon soit toujours camarade du beau,
> Dès demain je chercherai femme ;
> Mais, comme le divorce entre eux n'est pas nouveau,
> Et que peu de beaux corps, hôtes d'une belle âme,
> Assemblent l'un et l'autre point,
> Ne trouvez pas mauvais que je ne cherche point. (VII, 2.)

Encore s'il n'avait pas cherché. Mais les contes sont trop clairs, et l'auteur des contes perce dans l'auteur des fables :

> Chacun songe en veillant ; il n'est rien de plus doux.
> Une flatteuse erreur emporte alors nos âmes ;
> Tout le bien du monde est à nous,
> Tous les honneurs, toutes les femmes. (VII, 10.)

Il a fait mieux et pis qu'imaginer. Écoutez cette confession :

> Le nœud d'hymen veut être respecté,
> Veut de la foi, veut de l'honnêteté...
> Je donne ici de beaux conseils, sans doute.
> Les ai-je pris pour moi-même ? Hélas ! non.
> (*Aveux indiscrets.*)

Ce regret ne dura guère, et ses lettres nous ont transmis les preuves d'une intrigue qui fut bien vive et qu'il eut bien tard. De pareils goûts devaient distraire un père de famille. Aussi laissa-t-il ses enfants devenir ce qu'ils purent. On raconte qu'un jour, ayant rencontré son fils dans un salon sans le reconnaître, il lui trouva de l'esprit. Le maître de la maison prit occasion de là pour lui dire qui était le jeune homme. « Ah ! vraiment, j'en suis bien aise, » dit La Fontaine; et il parla d'autre chose. S'il était père de famille, ce n'était pas sa faute, « il n'avait jamais envié cet honneur ». Il fut médiocre économe, et son administration se réduisit à un voyage qu'il faisait tous les ans à Château-Thierry, pour vendre une pièce de terre, dont il mangeait l'argent à Paris. Le pauvre homme finit par vivre aux dépens de M^me^ De la Sablière, et par quêter de l'argent au roi et à d'autres. Il gouvernait aussi mal sa garde-robe que ses terres; et M^me^ Hervart, qui l'avait recueilli, était obligée, quand ses habits n'étaient plus convenables, de les remplacer, comme elle eût fait pour un enfant. — Il ne savait pas même s'astreindre aux règles de la conversation et de la politesse.

« Autant il était aimable par la douceur de son caractère, autant il l'était peu pour les agréments de la société; il n'y mettait jamais rien du sien, et mes sœurs, qui dans leur jeunesse l'ont souvent vu à table chez mon père, n'ont conservé de lui d'autre idée que celle d'un homme fort malpropre et fort ennuyeux. Il ne parlait pas, ou ne voulait parler que de Platon. — Etant à table chez M. Leverrier, il s'ennuie de la conversation et se lève. On lui demande où il va. Il répond : A l'Accadémie. On lui représente qu'il n'est encore que deux heures. Je le sais bien, dit-il, aussi je prendrai le plus long. » (L. Racine, préf. de Racine.)

Il ne songe pas plus à accorder ses penchants entre eux qu'avec ses intérêts ou son devoir. Il va où son goût d'aujourd'hui l'emmène, sans songer à ce qu'il souhaitera demain.

« Savez-vous bien que, pour peu que j'aime, je ne vois les défauts des personnes, non plus qu'une taupe qui aurait cent pieds de terre sur elle! Dès que j'ai un grain d'amour, je ne manque pas d'y mêler tout ce qu'il y a d'encens dans mon magasin. Enfin je loue de toutes mes forces. — Ce qu'il y a, c'est que l'inconstance remet toutes choses dans leur état naturel. » (Stances contre Mlle Colletet.)

Aussi, quand il aimait, il ne choisissait guère, et ses cheveux blancs ne lui apprirent même pas à se respecter. Et pourtant il raconte si naturellement ce qu'il fait, qu'on a peine à lui en vouloir du mal. Sa garde disait que Dieu n'aurait pas le courage de le damner, et nous sommes de l'avis de la bonne femme. On est presque à demi innocent quand on ne se sait pas pécheur.

« M. de La Fontaine, dit l'abbé Poujet, son confesseur, ne pouvait s'imaginer que le livre de ses contes fût un ouvrage si pernicieux. Il protestait que ce livre n'avait jamais fait sur lui en l'écrivant de mauvaises impressions, et il ne comprenait pas qu'il pût être si fort nuisible aux personnes qui le lisaient. »

Je le crois. Il l'avait fait trop naturellement pour y voir du mal. On ne trouve pas de crime dans des idées qui reviennent si fréquemment et d'elles-mêmes. Il était si loin de la règle, qu'il ne l'apercevait plus. De là ces confidences si peu retenues, et cet abandon naïf qui dit tout parce qu'il ne voit de mal en rien. Ce qu'il y a d'admirable est qu'il les fait à sa femme, et dans un point singulièrement délicat. On lui a raconté (*Voy. à Poitiers*) des merveilles sur les Limousines de la première bourgeoisie, sur leurs chaperons de drap rose sèche et sur leurs cales de velours noir. « Si je trouve quelqu'un de ces chaperons qui couvre une jolie tête, je pourrai bien m'y amuser en passant, et par curiosité seulement. »

Passons, soit. Mais certes l'aveu suivant est peu conjugal. Il a causé avec une comtesse poitevine « assez jeune, et de taille raisonnable », qui avait de l'esprit, déguisait son nom, et venait de plaider en séparation contre son mari : « toutes qualités de bon augure ». « J'y aurais trouvé quelque sujet de cajolerie si la beauté s'y fût rencontrée. Mais sans elle rien ne me touche, c'est à mon avis le principal point. » L'affaire était glissante, et ce n'est pas la faute de La Fontaine s'il n'a pas glissé.

Cette sensualité toute gauloise a laissé sa trace dans les fables :

Son miroir lui disait : Prenez vite un mari.
Je ne sais quel désir le lui disait aussi :
Le désir peut loger chez une précieuse.

Mais elle est délicate et poétique autant que voluptueuse ; elle vient de l'imagination aussi bien que des sens. Cela est un nouveau trait de son caractère ; jamais il ne s'enferme dans les bornes étroites d'un sentiment unique. Dans ses goûts comme dans son style, il est aussi noble que les plus nobles, aussi vulgaire que les plus vulgaires. Il a l'âme assez vaste pour ressentir toutes les émotions, et l'esprit assez ouvert pour recevoir toutes les idées. Il est naturel parce qu'il est universel. Quand il loue Papipamanie, le bon pays de messer François,

« ce pays où l'on dort, où l'on fait plus, où l'on ne fait nulle chose », il y veut encore une petite dose d'amour « honnête, et puis le voilà fort. » Cette galanterie est gracieuse, aimable et facile. N'a-t-il pas dit de lui-même « qu'il est chose légère » ? Papillon du Parnasse, il a volé « de fleur en fleur et d'objets en objets ». Il est séduit par toutes les choses riantes. Est-il défendu à un poète d'aimer la beauté? Son bonheur est de la comprendre et de la louer partout où elle se trouve.

Pour moi le monde entier était plein de délices;
J'étais touché des fleurs, des doux sons, des beaux jours,
Mes amis me cherchaient, et parfois mes amours.

Il faut lire le récit du trouble où le jeta certaine visite. Il avait 68 ans, et Mlle de Beaulieu quinze. Tout occupé de ce qu'il avait vu, il s'égara en route. Un domestique le remit sur son chemin. Il s'égara encore, coucha dans je ne sais quel hameau, et pendant trois jours eut les distractions les plus plaisantes. Il n'en revint qu'en faisant des vers à l'éloge de la divine Amarante.

Le sentiment est si vrai que, parmi les métaphores usées de la galanterie française, naissent des vers dignes de Platon :

Conti me parut lors mille fois plus légère
Que ne dansent au bois la nymphe et la bergère.
L'herbe l'aurait portée; une fleur n'aurait pas
Reçu l'empreinte de ses pas.

Vous portez en tous lieux la joie et les plaisirs.
Allez en des climats inconnus aux zéphyrs,
Les champs se vêtiront de roses.

Les pensées de volupté s'effacent ici sous la poésie; l'imagination enchantée s'égare en féeries, et la beauté n'est plus qu'une lumière divine qui transforme jusqu'aux objets inanimés, et répand sur le monde son pur sourire. Bientôt, avec l'imagination, le cœur s'émeut; la tendresse s'ajoute à la poésie; le trouble de l'âme fait couler dans les vers une suavité que nul effort d'esprit ne donne, et l'amour respire la langueur la plus touchante et le plus mol abandon.

Amants, heureux amants, voulez-vous voyager?
Que ce soit aux rives prochaines.
Soyez-vous l'un à l'autre un monde toujours beau,
Toujours divers, toujours nouveau;
Tenez-vous lieu de tout, comptez pour rien le reste.
J'ai quelquefois aimé; je n'aurais pas alors
Contre le Louvre et ses trésors,
Contre le firmament et la voûte céleste,
Changé les bois, changé les lieux
Honorés par les pas, éclairés par les yeux
De l'aimable et jeune bergère
Pour qui, sous le fils de Cythère,
Je servis, engagé par mes premiers serments.
Hélas! quand reviendront de semblables moments!
Faut-il que tant d'objets si doux et si charmants
Me laissent vivre au gré de mon âme inquiète?
Ah! si mon cœur encore osait se renflammer!
Ne sentirai-je plus de charme qui m'arrête?
Ai-je passé le temps d'aimer?

Amour des sens, amour de l'âme, amour de l'imagination, le poète a ressenti toutes les émotions. La littérature du temps n'exprimait que la beauté de l'âme; moins pur et plus naturel, il a exprimé aussi celle du corps.

Il a partout restitué à la nature humaine les sentiments que le siècle avait effacés: il lui a partout laissé ceux que le siècle avait représentés. Il l'a enrichie sans lui rien ôter. Nous l'avons vu décrire le monde, l'étiquette, la cour, comme Labruyère. Il a peint la campagne comme un ancien. Il semble qu'on entende Virgile quand il parle des boutons printaniers des arbres, « frêle et douce espérance, avant-coureurs des biens que l'abondance promet ». Il lui prend des vers entiers, mais ne s'enferme pas dans son cabinet, comme Delille, pour les traduire. Il vit dans les champs et copie en inventeur.

Luxuriem segetum tenera depascit in herba.

Dieu permit aux moutons
De retrancher l'excès des prodigues moissons.

Nunc caput incurvare fretis, nunc currere in undas,
Et studio incassum videas gestire lavandi.

Tantôt on les eût vus côte à côte nager,
Tantôt courir sur l'onde, et tantôt se plonger,
Sans pouvoir satisfaire à leurs vaines envies. (III, 12.)

Quelquefois c'est la gracieuse délicatesse des conteurs du moyen âge.

A l'issue d'avril, au temps doux et joli,
Quand herbelettes poignent et prés sont raverdi,
Et arbrissels désirent qu'ils fussent parfleuri.
(*Berte au grand pied.*)

Un certain loup, dans la saison
Que les tièdes zéphyrs ont l'herbe rajeunie... (V, 8.)

Ailleurs c'est la puissance et la fécondité de Lucrèce.

« Aussitôt que la face des jours printaniers s'est découverte et que le souffle fécond du zéphyr délivré est dans sa force, les oiseaux de l'air, les premiers, ô déesse, annoncent ta venue, le cœur frappé par ta puissance. Alors, les bêtes sauvages bondissent dans les riches pâturages et traversent les fleuves rapides. Ainsi vaincues par ton attrait et par tes charmes, toutes les natures vivantes te suivent avidement où tu veux les mener. »

Les alouettes font leur nid
Dans les blés quand ils sont en herbe,
C'est-à-dire environ le temps
Que tout aime et que tout pullule dans le monde,
Monstres marins au fond de l'onde,
Tigres dans les forêts, alouettes aux champs.

Mais il reprend plus volontiers l'accent tendre et la voix émue de Virgile :

Solitude où je sens une douceur secrète,
Lieux que j'aimai toujours, ne pourrai-je jamais
Loin du monde et du bruit goûter l'ombre et le frais?
Oh! qui m'arrêtera sous vos sombres asiles! (X, 14.)

Au fond du cœur de l'homme est une source de tendresse, qui cherche toujours à s'épancher, et coule d'elle-même partout où elle trouve une issue. L'homme qui suit la nature est égoïste comme La Fontaine et amoureux du plaisir ; mais, comme La Fontaine aussi, il est bon, se prend d'affection pour tout ce qui souffre, et embrasse dans ses vastes sympathies les êtres qui semblent le moins proches de la vie. Pendant qu'une civilisation factice taillait en cônes et en figures géométriques les ifs et les charmilles de Versailles, La Fontaine avait pitié des pauvres arbres.

Était-il d'homme sage
De mutiler ainsi ses pauvres habitants?
Quittez-moi votre serpe, instrument de dommage;
Laissez agir la faux du Temps :
Ils iront assez tôt border le noir rivage. (XII, 20.)

Avec quelle tristesse décrit-il la mort des animaux!

Ils ne mouraient pas tous, mais tous étaient frappés.
On n'en voyait pas d'occupés
A chercher le soutien d'une mourante vie.
Nul mets n'excitait leur envie.
Ni loups ni renards n'épiaient
La douce et l'innocente proie.
Les tourterelles se fuyaient :
Plus d'amour, partant plus de joie. (VII, 1.)

Ainsi Virgile, au milieu des calamités du monde, le cœur touché d'une compassion infinie, trouvait des larmes pour les frères « inférieurs de l'homme », nos bienfaiteurs. On est heureux de voir l'insouciant épicurien s'attendrir comme le religieux poète. Cela fait honneur à la nature humaine. Nous retrouvons les titres de sa dignité dans les marques de sa bonté, et nous voyons qu'il lui suffit de s'abandonner à elle-même pour être belle. C'est pour cela que les poètes qui l'ont suivie sont les plus grands et les plus aimables. Les Grecs et Homère ne sont pas les maîtres de l'art parce qu'ils ont l'imagination plus heureuse que les autres, mais parce que la nature humaine s'est développée en leur pays, librement, pleinement, avec toutes ses passions, avec toutes ses facultés, avec toutes ses sympathies, parce qu'ils l'ont exprimée sans la mutiler, parce que nous reconnaissons en eux notre âme tout entière. La Fontaine est aussi universel qu'Homère. Au plus fort de la guerre et des meurtres, le poète des batailles montre Priam aux genoux d'Achille, et tous deux pleurent au souvenir des morts. Parmi ses contes enjoués et licencieux, le spirituel railleur conduit Clitie chez Frédéric, et trouve l'accent le plus touchant de l'amour maternel.

Souffrez sans plus que cette triste mère,
Aimant d'amour la chose la plus chère
Que jamais femme au monde puisse avoir,
Un fils unique, une unique espérance,
S'en vienne au moins s'acquitter du devoir
De la nature, et pour toute allégeance
En votre sein décharge sa douleur.
Vous savez bien par votre expérience
Ce qu'est aimer; vous le savez, seigneur.

(*Le Faucon.*)

## § 2. — DU COMIQUE.

Ce n'est pas assez, pour la poésie, de cette âme flexible et vibrante qui répète tous les sons sans les altérer. Nous voulons encore que la multitude de sentiments soit ordonnée par un sentiment unique; qu'en prenant tant de caractères divers, le poète garde le sien; que toutes les émotions fugitives se fondent dans une émotion permanente. Nous n'aimons partout la variété que pour la ramener à l'unité.

Mais ce sentiment principal doit convenir au genre. Il ne peut pas y avoir d'opposition entre l'auteur et l'ouvrage. Le caractère du poème doit s'accorder avec le caractère du poète, comme l'instrument de musique avec le talent du musicien.

Or, la fable est une mascarade; le simple déguisement des animaux en hommes fait sourire. Leur monde est la parodie du nôtre, et leurs moindres actions sont la critique de nos mœurs. La fable est donc par nature une comédie, et le poète est un railleur.

Mais tout le monde ne raille pas du même ton, et la fable exige une autre moquerie que le théâtre et la satire. Le satirique a de l'aigreur; il en veut aux vices plus qu'aux ridicules; il fait une diatribe, et non une comédie; il est orateur, et se plaît aux figures violentes; il doit frapper et étonner. Labruyère est un misanthrope et son rire est amer. Molière a besoin de faire rire, et non de faire sourire. Il parle à la foule confuse au théâtre, et non à un lettré tranquille dans son cabinet. Il doit marquer fortement les ridicules, pour qu'on les saisisse. Il est forcé de dessiner les caractères à grands coups, un peu grossièrement même, sans quoi on ne l'entendrait pas. Un grand historien a dit de lui qu'il peignait à fresque. Ainsi Molière outre les ridicules, et Labruyère les vices. La fable est plus mesurée et plus légère; le poète se souvient toujours qu'il a affaire à des animaux déguisés en hommes. Le ton est enjoué, puisqu'il s'agit d'une mascarade; on ne peut pas se fâcher bien sérieusement des cruautés du roi lion quand on se le figure un sceptre entre les pattes et une couronne sur la crinière. — D'ailleurs, il faut savoir deviner dans la fable. Les caractères d'hommes s'y cachent sous des peaux d'animaux; et, puisque le lecteur est assez spirituel pour les démasquer, on n'a pas besoin de lui grossir le ridicule. A peine indiqué, il le saisira, et le fin sourire du poète passera tout d'abord sur ses lèvres. Cette moquerie délicate et enjouée est celle de La Fontaine.

Il est gai partout en vrai Français, et tourne même le malheur en plaisanterie.

Un citoyen du Mans, chapon de son métier,
    Etait sommé de comparaître
    Pardevant les lares du maître,
Devant un tribunal que nous nommons foyer.....
Celui-ci, qui ne fut qu'avec peine attrapé,
Devait le lendemain être d'un grand soupé,
Fort à l'aise en un plat: honneur dont la volaille
    Se serait passée aisément. (VIII, 21.)

Il rit au milieu même de son émotion.

Miraut, sur leur odeur ayant philosophé,
Conclut que c'est son lièvre, et d'une ardeur extrême
Il le pousse...
Le pauvre malheureux vient mourir à son gîte. (V, 17.)

Ses personnages plaisantent sur leur propre infortune. Un Français s'amuse de tout, même du danger.

Adieu, joncs et marais; notre race est détruite;
    Bientôt on la verra réduite
A l'eau du Styx.

Les Gaulois, ses ancêtres, avaient pris pour emblème

la vive et matinale alouette, « qui chante encore quoique près du tombeau ». Cette gaîté d'oiseau est celle de La Fontaine.

Sa malice est celle de Marot, son maître; de Rutebeuf, qu'il ne connaissait pas, et de tous nos vieux conteurs français. Gabeurs, gausseurs, nos pères ont en abondance le mot et la chose. L'épopée du renard n'est qu'un long récit de bons tours, et renard, qui mystifie tout le monde, rehausse encore l'agrément de ses inventions par l'ironie dont il les assaisonne. Quand Tibert le chat par son conseil s'est pendu à la corde de la cloche en voulant sonner,

Renard le commence à gaber.
Envers lui est avant passé.
Ha! ha! fait-il. Or est assez :
Sire Tibert ci a ennui.
Comment ne finirez-vous hui?
Et Tibert commence à grondre.
— Comment! vous ne daignez répondre?
Ce dit renard. Orgueil! orgueil!...
Comment! vous voulez jà monter
Si haut à mont à dam le Dieu?
Avoi, Tibert, ce n'est pas jeu.
L'on ne monte pas ci aux nues.
D'où vous sont ces folies venues?
Cuidiez-vous jà être si saint
Que vous alliez avec les saints?

Quant aux fabliaux, ce sont presque toujours des épigrammes contre les femmes et contre les moines; et Rutebeuf ressemble si bien à l'auteur des contes, qu'on n'en peut rien citer. — La malice de La Fontaine est piquante comme la sienne, parce qu'elle est naïve. Nous croyons écouter un bonhomme, et, en regardant de plus près, nous découvrons qu'il se moque de nous. Sa simplicité est transparente, et sous sa dissimulation feinte il laisse voir qu'il se joue de ses personnages. S'il lâche un mot suspect et d'apparence un peu libertine, il le corrige aussitôt avec un empressement affecté, qui est une jolie hypocrisie.

Un mari fort amoureux,
Fort amoureux de sa femme.

Cette naïveté simulée est un gentil mensonge, à peine marqué, qui ne nous trompe pas, qui ne veut pas nous tromper, que le poète avance en l'avouant, avec une grâce enfantine. Marot badine comme lui quand, demandant au roi de l'argent, il lui dit :

Je ne dis pas, si voulez rien prêter,
Que ne le prenne...
Et savez-vous, sire, comment je paie?
Je vous ferai une belle cédule
A vous payer, sans usure, s'entend,
Quand on verra tout le monde content.

La Fontaine glisse en passant son ironie dans un petit mot qu'on ne remarque pas. Au bout de la phrase on trouve les gens ridicules, sans avoir distingué le trait malin. Le pauvre loup qui revient voir « si *son* chien n'est pas meilleur à prendre » est un franc novice. Un titre suffit, et la plaisanterie est parfaite :

Perrin fort gravement ouvre l'huître et la gruge,
Nos deux *messieurs* le regardant.

Il n'éclate pas de rire aux dépens des gens. Il ne dit qu'à demi les choses et laisse deviner le ridicule.

Une servante vient; adieu, mes gens. Raton
N'était pas content, ce dit-on.

Au contraire, il garde une mine sérieuse, et continue le discours d'un ton aussi convaincu que d'abord, et comme s'il prenait le parti de ses personnages. Puis au dernier vers, une chute subite révèle l'ironie.

Qui? moi? Qui? ces gens-là? L'on radote, je pense.
A moi les proposer! Hélas! ils font pitié.
Voyez un peu la belle espèce!
L'un n'avait dans l'esprit nulle délicatesse,
L'autre avait le nez fait de cette façon-là.

Il se commente tout d'un coup, et, à ce qu'il semble, par pure bonhomie, afin d'empêcher le lecteur de prendre un mot pour un autre. Et son avis n'est qu'une méchanceté.

A ces mots, l'animal pervers
(C'est le serpent que je veux dire,
Et non l'homme, on pourrait aisément s'y tromper).

C'est donc l'ironie fine et spirituelle qui est le fond de la malice. Quand Molière la rencontre, il lui ôte sa grâce, pour lui donner la force; elle est moins plaisante que violente. Le dialogue de l'âne et du chien est le même que celui d'Arsinoë et de Célimène. Mais Célimène raille avec passion et va jusqu'à l'injure; le chien en se vengeant n'a pas d'aigreur. — La moquerie de La Fontaine est toujours calme et légère. Si elle pique, c'est comme une abeille sans venin; et par dessus tout elle est si vraie et si ingénieuse que le charme de l'esprit, comme un miel suave, adoucit la blessure. Il n'y a personne dont il ne soit le précepteur, le censeur et l'enfant gâté. — Ainsi ce qu'il y a de comique en La Fontaine est aimable comme ce qu'il y a de naturel en lui. Sa raillerie n'est pas, comme dit Montesquieu, un discours contre son bon naturel en faveur de son esprit. Elle n'est jamais que de la malice, et sa malice n'est jamais de la méchanceté. Elle naît du mouvement léger d'un esprit fin qui voit les contrastes délicats, qui se plaît à les marquer, qui en rit non pour nuire, mais sans y penser, et simplement parce qu'il est pénétrant et de bon goût. — L'impression principale et renaissante continue donc dans la fable les impressions secondaires et fugitives; et le trait saillant qui fait l'unité de son caractère s'accorde avec les traits accessoires qui en font la diversité.

---

# CHAPITRE VI.

## DES CONDITIONS DU BEAU. — RÉSUMÉ.

L'ouvrage de La Fontaine, ce semble, n'est que la pratique exacte de deux règles poétiques : l'une qui ordonne de rassembler sous une idée unique les détails du sujet ; l'autre de développer cette idée unique par une multitude de détails. Ainsi les caractères des hommes y tiennent le milieu entre ceux de La Bruyère et ceux de Saint-Simon, parce que le moraliste, occupé à peindre les vices généraux, oublie souvent les traits propres et complexes qui conviennent aux personnes particulières, et que l'historien, occupé à peindre les personnes particulières, n'y rencontre pas ces traits généraux qui rassemblent tous les autres en un seul. — Les caractères des animaux y tiennent le milieu entre les descriptions de Buffon naturaliste et les portraits de Buffon orateur, parce que l'orateur s'est tellement préoccupé du trait dominant qu'il a effacé tous les autres, et que le naturaliste, en énumérant la foule des faits, a négligé celui dont ils dérivent et qui les unit. — Les dieux, simples machines de convention entre les mains des contemporains, ont été ranimés par des détails vrais, qui les ont rapprochés de l'antique, et en même temps transformés par des détails naïfs, qui les ont rattachés à l'ensemble de ce monde enfantin. — L'action, multiple et éparse dans les fables de l'Orient et du moyen âge, stérile et sèche dans celles de la Grèce et de Rome, s'est développée par des circonstances originales et abondantes, et s'est dirigée tout entière dans un ordre fixe vers un seul but. — Le style, trop régulier, trop noble, trop monotone dans les contemporains, s'est enrichi de mots propres, varié, assoupli; mais en rompant les liens ordinaires, il a gardé ceux du mètre et de la rime, et quand il l'a fallu, il s'est imposé les chaînes de la période grammaticale et de la strophe poétique. — Le poète est, de tous les hommes, le plus flexible, le plus accessible à toutes les émotions, le plus grand ennemi de toutes les contraintes sociales et morales, le plus abandonné à la diversité et aux contradictions de la vraie et libre nature humaine; mais parmi tant de visages divers il garde un sourire gai et malin, qui de tous ces changements fait une seule physionomie. — Donc partout les deux mérites sont réunis et les deux règles observées. Il est curieux de savoir pourquoi de là naît la beauté.

La beauté est une perfection de l'objet qui donne un plaisir au spectateur. Cherchons pourquoi une multitude des parties ramenées à l'unité produit un plaisir, et contient une perfection.

Le bonheur de l'esprit et des sens est d'agir. Plus ils connaissent, plus leur jouissance est grande, parce que chaque idée est une action. C'est pourquoi nous aimons les détails qui développent et varient en cent façons un événement ou un caractère. L'esprit, d'abord restreint à une action monotone, s'élance, parcourt les circonstances, se joue avec elles, presse son mouvement comme elles, change à chaque instant d'allures, et bondit avec la liberté et l'agilité de la jeunesse dans le large champ de la vie. Ce mouvement multiplié est une action, et partant un plaisir. — Mais, par la même raison, l'unité des parties diverses nous agrée. Car l'esprit, qui auparavant ne se mouvait que par petites actions détachées, se meut maintenant par une grande action qui enveloppe toutes les autres; chaque idée partielle, isolée tout à l'heure, réveille à présent les précédentes et appelle les suivantes; à mesure qu'il avance, il se souvient des unes et prévoit les autres; chaque instant lui ouvre de vastes horizons en avant, en arrière, et ses idées présentes renouvellent les passées et anticipent les futures. Son être disséminé se concentre incessamment, et il est tout entier dans chaque parcelle de son mouvement. — Ce mouvement agrandi est une action accrue, et partant un plaisir augmenté.

La perfection d'un objet est dans sa plénitude; plus il est limité, plus il est imparfait; son progrès est de reculer ses bornes, et ce progrès s'accomplit de deux façons. Tantôt une qualité ou une force se développe en propriétés et en facultés subordonnées, comme on voit dans un animal la vie se multiplier par des organes nouveaux et des fonctions différentes, ou, dans une graine uniforme et partout semblable à elle-même, des parties formées et distinctes sortir tour à tour, et donner à la plante tige, racine, feuilles et fleurs. — Ici l'objet un est devenu multiple, et dans cette unité conservée, cette multiplicité introduite est un accroissement, partant une perfection. — Tantôt un amas de parties s'organisent par une force commune ou pour un but commun, comme on voit, dans un chaos de pensées confuses, une idée se dégager, distribuer les autres en système, et prêter à chacune la force de l'ensemble; ou comme des pierres éparses se dressent en l'air par la volonté d'un architecte, s'attachent les unes aux autres, et composent un tout par leur harmonie. — Ici, aux parties primitives se sont ajoutées des qualités et des rapports nouveaux. L'objet multiple est devenu un; sa vie solitaire s'est changée en une vie sociale, et dans cette multiplicité conservée, cette unité reçue est un accroissement, et partant une perfection.

Unité, diversité, telles sont les deux qualités dont l'alliance donne à l'âme les plaisirs purs, aux objets la perfection vraie. L'univers est la plus parfaite des choses, et la contemplation de l'univers est le bonheur le plus grand, parce que nous concevons sa multiplicité infinie comme régie par une loi unique. La cause de la beauté est la même dans le tout et dans les parties; et le moindre objet, aussi bien que l'ensemble, est système et harmonie. La fable, le plus humble des genres poétiques, ressemble aux petites plantes perdues dans une grande forêt. Les yeux fixés sur les arbres immenses qui croissent autour d'elle, on l'oublie, ou, si on baisse les yeux, elle ne semble qu'un point. Mais si on l'ouvre pour examiner l'arrangement intérieur de ses organes, on y trouve un ordre aussi compliqué et aussi savant que dans les vastes chênes qui la couvrent de leur ombre, et l'on juge que la beauté de la petitesse égale la beauté de la grandeur.

---

Vu et lu,

A Paris, en Sorbonne, le 18 avril 1853,
par le Doyen de la Faculté des Lettres de Paris,

J. Vict. LECLERC.

Permis d'imprimer,

*Le Recteur de l'Académie de la Seine,*

CAYX.

## TABLE.

FIN DE LA TABLE.

1770. — PARIS, IMPRIMERIE GUIRAUD
RUE SAINT-HONORÉ, 55

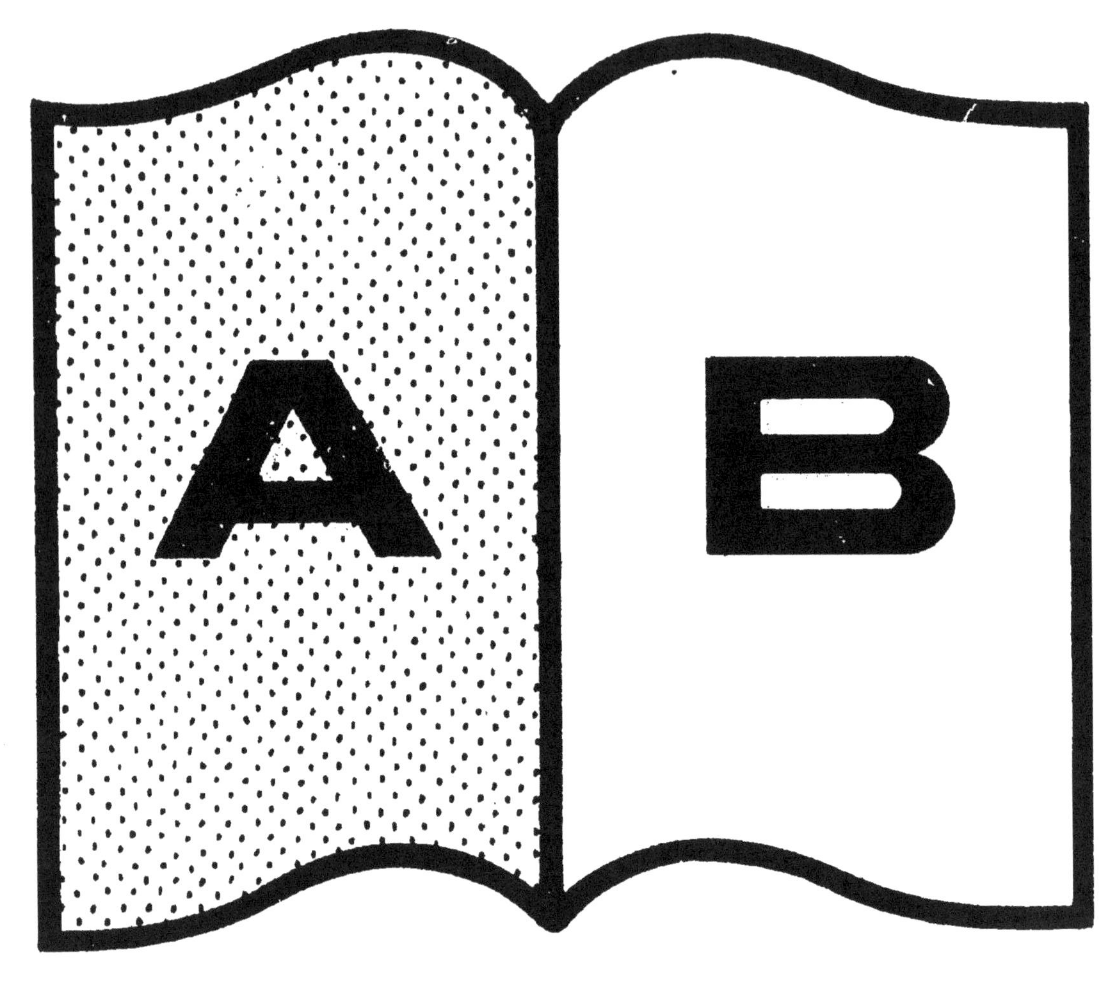


Contraste insuffisant

**NF Z 43**-120-14

www.ingramcontent.com/pod-product-compliance
Lightning Source LLC
Chambersburg PA
CBHW070618100426
42744CB00006B/523

* 9 7 8 2 0 1 2 6 6 1 2 7 1 *